문명의 수레바퀴 **철**

미래생각발전소 02 문명의 수레바퀴, 철

초판 1쇄 발행 2010년 1월 15일
초판 13쇄 발행 2022년 5월 10일

글쓴이 박은화 | **그린이** 이경국
펴낸이 김민지 | **펴낸곳** 미래M&B
등록 1993년 1월 8일(제10-772호)
주소 04030 서울시 마포구 동교로 134(서교동 464-41) 미진빌딩 2층
전화 02-562-1800 | **팩스** 02-562-1885
전자우편 mirae@miraemnb.com | **홈페이지** www.miraei.com
블로그 blog.naver.com/miraeibooks | **인스타그램** @mirae_ibooks
ISBN 978-89-8394-552-5 74300 | ISBN 978-89-8394-550-1 (세트)

글 ⓒ 박은화, 2010 그림 ⓒ 이경국, 2010
사진 ⓒ 게티이미지

＊잘못 만들어진 책은 구입처에서 바꾸어 드립니다.
＊이 책은 저작권법에 따라 한국 내에서 보호받는 저작물이므로 무단 전재와 복제를 금합니다.

아이의 미래를 여는 힘, **미래 i 아이** 는 미래M&B가 만든 유아·아동 도서 브랜드입니다.

지식과 생각의 레벨업
미래생각발전소

문명의 수레바퀴 철

박은화 글 | 이경국 그림

미래i아이

○ 머리말

철이 없었다면 문명도 없었다

　지구의 나이가 얼마인지 아세요? 무려 45억 살이에요. 오늘날과 같은 인류가 지구에 등장한 것은 약 4만 년 전이고요. 그러니까 지구 역사를 1년으로 봤을 때 현생 인류가 살아온 시기는 약 5분 정도에 불과해요. 게다가 그 짧은 시간의 99퍼센트는 돌로 도구를 만들어 사용하던 시기로, 이 시기 인류는 야생 동물과 별반 다를 바 없이 자연의 지배를 받으며 살았지요.

　이렇듯 특별할 것 없었던 인류가 어떻게 자연을 지배하며 문명을 주도해 나갈 수 있었을까요? 여러 가지 이유가 있겠지만, 대표적으로 도구의 사용을 꼽을 수 있어요. 그 중에서도 철의 사용은 인간을 자연의 지배자로 군림하게 했답니다.

　처음 사용할 때만 해도 철은 칼, 창 같은 무기류와 솥 같은 생활용품을 만드는 게 고작이었어요. 하지만 오늘날에는 철이 쓰이지 않은 곳이 없을 정도로 광범위하고 다양하지요. 지금 주위를 둘러보세요. 여러분이 있는 곳이 어디건 간에 아마 10초도 채 안 걸려 철로 만든 물건을 찾을 수 있을 거예요. 자동차, 기차, 자전거, 냉장고, 세탁기, TV,

컴퓨터, 음료수 캔, 가위, 현관문과 손잡이, 자물쇠와 열쇠, 달력이나 노트의 스프링……. 정말 일일이 나열하기 힘들 정도네요. 그리고 이것들은 다 예전에는 없었던, 현대 문명의 산물들이라 할 수 있어요.

그동안 철은 문명 발달의 기본 재료이자 역사 발전의 원동력이었어요. 그런데도 우리는 철의 존재를 잘 알지 못해요. 너무 흔하고 가까이에 있어서 오히려 눈에 잘 띄지 않기 때문이죠.

철은 지금까지 인류 발전에 기여한 것 못지않게 앞으로도 그 역할이 대단할 것으로 기대되는 자원이에요. '철을 지배하는 나라가 세계를 지배한다.'는 말이 있어요. 지금까지 인류의 역사는 이 말이 맞다는 걸 증명해 왔어요. 철보다 더 좋은 자원이 발견되지 않는 한 앞으로도 유효할 거고요.

앞으로 지금보다 더 강하고 사용하기에 편리한 철이 만들어진다면 그것은 곧 세계를 주도할 수 있는 힘이 될 거예요. 그건 바로 여러분의 몫이에요. 그러기 위해서는 지금부터라도 철에 대해 관심을 가져야 해요. 철에 대해 알아야 더 좋은 철기 제품을 만들어 내고 인류의 문명을 발전시키는 데 공헌을 할 테니까요. 이제 철의 무한한 힘 속으로 들어가 볼까요?

○ 차례

프롤로그 인류, 철을 만나다
　첫 만남 …12
　일상적인 만남 …16

Chapter 1 철제 도구를 만들다
　지구의 구조와 철의 존재 …22
　금속이란? …25
　철이란? …29
　철의 종류 …33
　제철 기술의 발달 …40
　철의 쓰임 …44

Chapter 2 철을 사용하다
　석기 시대 …60
　청동기 시대 …64
　철기 시대 …68

Chapter 3 한반도에 철이 전해지다
　위만 조선과 철의 전래 …78
　철의 왕국 가야 …82
　고구려의 한4군 격퇴 …86

Chapter 4 · 철로 문명을 꽃피우다

- 오늘날의 철 생산 ...100
- 철은 국가 발전의 초석 ...104
- 철강 산업의 발달 역사 ...106
- 근대식 제철소가 만들어지다 ...114
- 경제 개발 계획과 포항 제철의 탄생 ...119
- 세계적 수준으로 도약한 우리나라 철강 산업 ...124

Chapter 5 · 철이 역사를 바꾸다

- 전쟁의 확대 ...132
- 알자스·로렌 지방 ...134
- 새로운 무기의 등장 ...138
- 철의 전쟁이 다시 시작되다 ...144

에필로그 · 철의 미래를 점치다

- 아직은 철기 시대 ...152
- 우리나라 철강 산업의 미래 ...158

프롤로그

인류, 철을 만나다

우리 생활 곳곳에 깊숙이 자리잡은 철.
인류가 철을 만난 건 우연이었을까?

첫 만남

"와! 별이 떨어진다!"

아주 오래전에도 지구에는 사람들이 살고 있었고 그들도 밤이면 하늘을 쳐다보았어요. 하늘에는 지금처럼 별들이 반짝이고 있었죠. 그때는 전기 불빛도, 커다란 건물도 없었으니 별이 더 많이, 더 잘 보였을 거예요. 사람들은 별을 보며 소원을 빌기도 했고, 먼 길을 떠날 때 길잡이로 삼기도 했어요. 그렇게 하늘을 바라보고 있는데, 어느 날 별 하나가 땅에 떨어졌어요. 그걸 보고 사람들은 재앙이 닥칠 거라며 두려움에 떨었어요.

별은 옛날이나 지금이나 상상력의 원천이자 삶의 중요한 이정표였다.

이때, 일부 사람들이 별의 모습을 확인하고 싶어 용감하게도 별이 떨어진 곳으로 달려갔어요. 그런데 하늘에서 반짝반짝 빛나던 것과는 달리 땅에 떨어진 별은 불타는 돌덩이처럼 보였어요. 시뻘건 불덩이가 무서워 사람들은 도망을 쳤지요. 하지만 호기심 강한 몇몇 사람은 자신이 들고 있던 무기(청동으로 만들어진 도끼나 창)로 불덩이를 공격했어요.

　그러자 신기한 일이 벌어졌어요. 무기에 불덩이가 달라붙은 거예요. 하지만 그 불덩이는 무기를 태우지 않고 무기 끝에 붙어 벌건 불길을 내뿜는 듯하더니 서서히 식기 시작했어요. 불덩이가 다 식자 무기 끝에는 단단한 무언가가 붙어 있었지요. 사람들은 그게 뭔지는 몰랐지만 곧 강한 힘을 발휘한다는 걸 알게 됐어요. 그냥 청동으로 만든 무기보다 불덩이가 식은 게 붙어 있는 무기가 더 단단하고 날카로웠거든요. 잘 부러지지도 않았고요.

　그렇다면 무기 끝에 붙어 무기를 강하게 만든 이것은 뭐였을까요? 그래요, 바로 '철'이에요. **인류가 하늘에서 떨어진 불덩이를 공격하는 순간, 인류와 철의 첫 만남이 시작되었던 거예요.**

> **운석과 무기**
>
> 고대 중국에서도 기원전 14세기의 유물에서 칼날 부분에 운석을 붙여 사용한 청동기가 나와 최초의 철 사용이 운석이었음을 뒷받침하고 있다.

하늘에서 떨어진 별, 즉 별똥별은 주로 철로 이루어져 있었고 무기 끝에 붙여 더 강한 무기가 되었어요. 그래서 사람들은 철이 하늘에 있는 것이라 생각했어요. 고대 희랍인들은 철을 '하늘의 산물'(하늘이 준 물건)이란 뜻인 '와에베'라고 불렀어요.

그러다 사람들은 점차 땅에 묻혀 있는 철을 발견해 나갔어요. 물론 그러기까지 아주 오랜 시간이 걸렸지요. 인류가 어떻게 철을 발견하게 되었는지 그 과정을 정확히 알기는 어려워요. 그저 발견 과정에 대해 여러 가지를 추측해 볼 뿐이죠.

운석*을 통해 철에 대한 지식을 얻은 사람들이 철광석이 운석과 같은 것이라는 걸 알게 되어 이를 이용하게 되었다는 주장이 있어요. 산에 큰불이 났을 때 바닥이 파인 부분에 불이 붙어 땅속에 묻혀 있던 철이 녹게 되고, 사람들이 그것을 연구하다가 철을 발견하게 되었다는 주장도 있지요. 혹은 청동의 재료를 찾아 금속을 수집하는 과정에서 철의 주재료인 철광석을 청동의 재료로 착각해서 사용하게 된 것이 철 사용의 시작이라고 보는 사람도 있어요.

이 중에 어떤 주장이 맞는지는 알 수 없어요. 분명한 건 철을 발견하고 이용하면서부터 사람들의 생활이 이전과는 확실히 달라졌다는 거지요.

'철'이라는 게 뭔지도 모른 채 우연히 이루어진 인류와 철의 만남!

이때까지만 해도 철이 인류 최고의 친구가 될 줄은 아무도 몰랐어요.

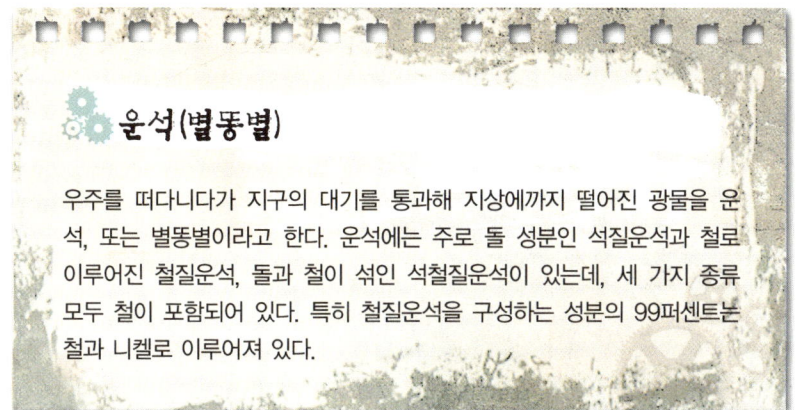

운석(별똥별)

우주를 떠다니다가 지구의 대기를 통과해 지상에까지 떨어진 광물을 운석, 또는 별똥별이라고 한다. 운석에는 주로 돌 성분인 석질운석과 철로 이루어진 철질운석, 돌과 철이 섞인 석철질운석이 있는데, 세 가지 종류 모두 철이 포함되어 있다. 특히 철질운석을 구성하는 성분의 99퍼센트는 철과 니켈로 이루어져 있다.

 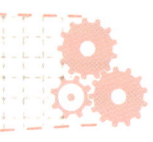

일상적인 만남

우리 주변에는 많은 물건들이 있어요. 책상, 의자, 필기도구, 그릇, 수저 같이 매일 사용하는 것에서부터 냉장고, 자동차 같은 덩치가 큰 것들까지……. 이런 물건들은 무엇으로 만들어졌을까요? 주로 나무, 플라스틱, 철 등 생긴 모양이나 쓰임새는 달라도 그 재료는 몇 가지로 분류할 수 있어요. 그렇다면 주로 철로 이루어진 것에는 어떤 것들이 있을까요?

우선, 아주 작은 바늘이나 못, 클립 같은 걸 떠올릴 수 있겠네요. 하루라도 없으면 불편한 컴퓨터, 텔레비전, 자동차도 있고요. 부엌은 철로 만든 물건을 한꺼번에 가장 많이, 쉽게 접할 수 있는 곳이에요. 밥그릇, 국그릇, 수저는 물론이고 칼, 가위, 가스레인지, 전자레인지, 냉장고, 냄비 등등 그야말로 철제 도구의 전시장이지요.

집이나 건물을 지을 때 뼈대가 되는 철근, 기차와 기찻길, 배, 강을 가로지르는 다리까지! 철은 정말 안 들어가는 곳이 없어요. 이뿐만 아니에요. 볼펜 속에 들어 있는 스프

링, 피아노의 건반을 연결하고 있는 피아노 선, 집집마다 들어가 있는 가스관, 수도관……. 철은 보이지 않는 곳에 숨어 자기 역할을 다하고 있어요.

컬러텔레비전과 철

우리가 매일 보는 텔레비전은 철이 없으면 볼 수 없는 대표적인 기기이다. 텔레비전이나 컴퓨터 모니터에는 금속판으로 이루어진 섀도마스크라는 것이 들어 있는데, 섀도마스크는 지름이 0.2~0.3밀리미터인 작은 구멍을 규칙적으로 뚫은 얇은 철판이다. 이것이 전자총에서 나온 빨강, 파랑, 초록빛을 각각 형광판에 도달하도록 스크린한다. 섀도마스크가 이런 역할을 제대로 해내지 못하면 색 번짐이 일어나 선명한 색을 기대할 수 없고, 대형 TV나 HDTV를 볼 수 없다.

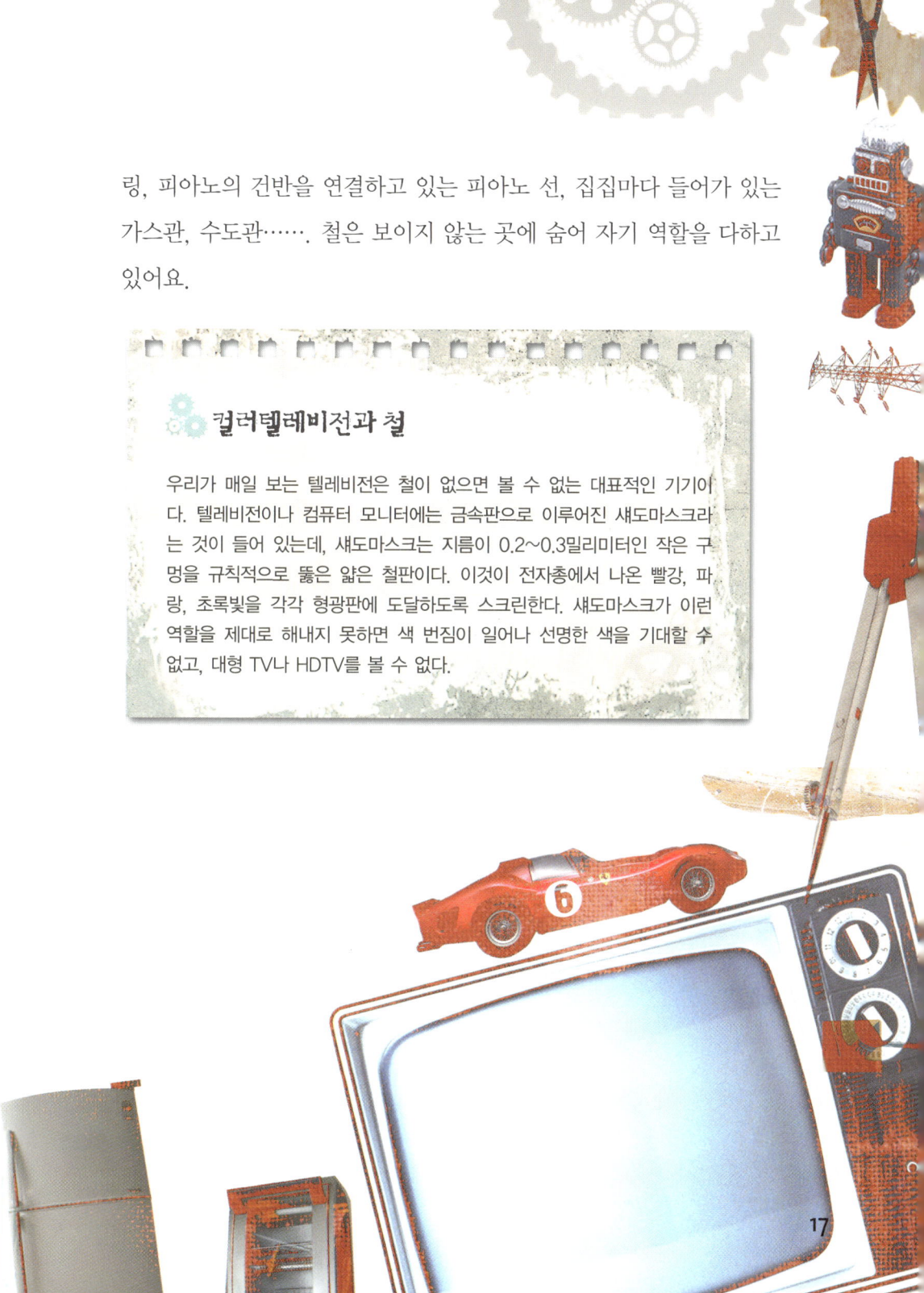

Chapter 1

철제 도구를 만들다

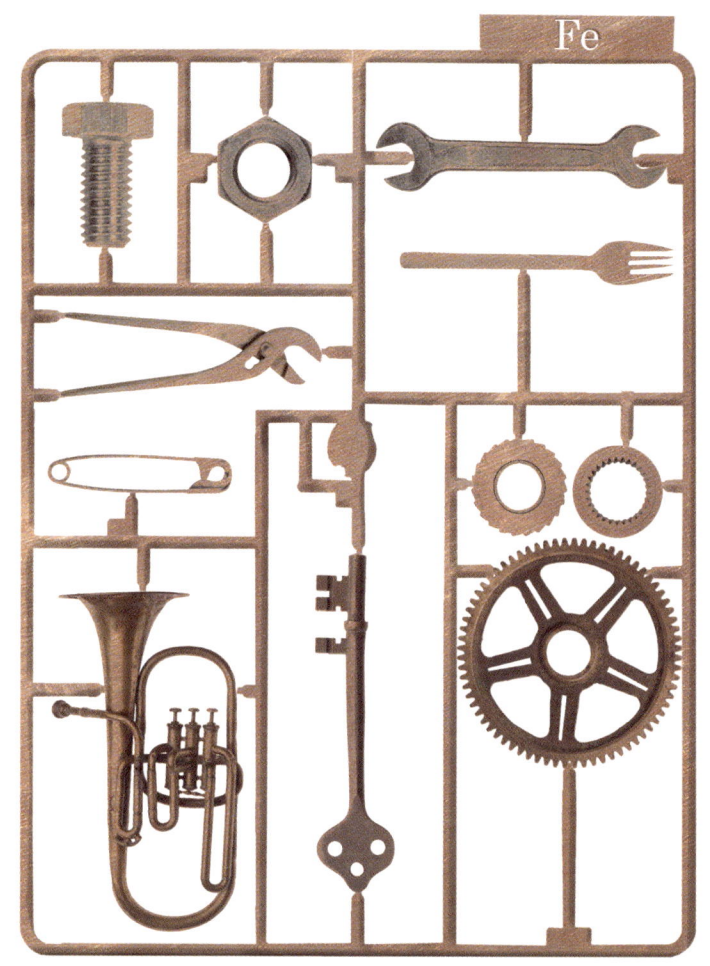

너무 흔해서 평범한 금속, 철.
철이 없었다면 오늘날 현대 문명도 없었다.

지구의 구조와 철의 존재

아주 먼 옛날, 우주도 지구도 공간도 없던 시절, 아무것도 없던 곳에서 갑자기 대폭발이 일어나 우주가 탄생했어요. 워낙 거대한 폭발이다 보니 폭발로 인해 파동이 일었고 우주는 아주 빠른 속도로 팽창했지요. 처음 생긴 우주는 온도와 압력이 너무 높아 어떤 물질도 존재할 수 없었어요. 하지만 시간이 지나면서 우주의 온도와 압력은 떨어지고 수소와 약간의 헬륨이 만들어졌어요.

군데군데 뭉쳐 있던 수소와 헬륨은 중력의 영향으로 서로 모이게 되었어요. 이렇게 만들어진 가스 소용돌이는 빙글빙글 빠르게 회전하기 시작했지요. 이로 인해 더 많은 가스들이 중심으로 모였고, 가스로 된 거대한 구가 만들어졌어요. 이 구는 높은 압력을 받아 열이 발생하며 스스로 빛을 내기 시작해요. 이것이 바로 별이에요.

그런데 이렇게 만들어진 별의 안에서는 수소가 헬륨으로 바뀌는 일이 벌어졌어요. 헬륨으로 바꿀 수소가 거의 떨어지자 이번에는 헬륨이 탄소로 바뀌었지요. 다음에는 탄소가 네온으로 변했고, 이 방식으로 산소와 규소, 철까지 만들어졌어요. 철이 만들어지면서 더 이상 핵융합이 일어나지 않는데, 그러자 별은 열과 압력의 균형을 잃고 급격하게 수축하다가 펑 하고 터져 버렸어요. 별이 폭발하면서 별을 구성하던 여러 가지 물질들이 우주로 흩어졌지요.

많은 시간이 흐르고 거대한 별이 폭발한 곳에서 별이 처음 만들어졌던 과정과 비슷한 방식으로 새로운 별이 생겨나요. 하지만 새로운 별은 처음의 별과 달리 수소와 헬륨 외에도 탄소, 철과 같은 다른 원소들이 들어 있어요. 재미있는 건, 별이 만들어질 때 남는 적은 양의 가스도 자기들끼리 모이면서 구를 만들었다는 거예요. 하지만 이 구는 작아서 핵융합을 할 수 없었고 스스로 빛을 내지 못했어요. 이들이 바로 지구를 비롯한 수성, 금성, 목성 같은 행성이에요.

지구의 구조는 중심부에 핵, 그 주위에 맨틀, 그 위에 지각으로 이루어져 있는데, 핵의 주성분은 철이며 니켈이 상당량 포함되어 있다고 해요. 맨틀 역시 철과 다른 금속으로 이루어져 있고, 지각에서도 알루미늄 다음으로 철이 많으니 대기권을 제외한다면 **지구의 주요 구성 성분은 철**이라고 할 수 있어요.

지구의 구성 물질 순위

지금까지 알려진, 지각을 구성하는 주요 물질을 많은 순서대로 나열해 보면, 1위가 산소, 2위 규소, 3위 알루미늄, 4위 철, 5위 칼슘, 6위 나트륨, 7위 칼륨, 8위 마그네슘의 순서이다

하지만 지구 상의 철을 비롯한 대부분의 금속 광물(알루미늄, 마그네슘, 아연 등)은 순수한 금속으로 존재하지 않고 산소나 황과 결합하여 존재해요. 그 이유는 순수한 금속으로 있는 것보다 산소나 황과 결합하고 있는 게 더 안정적이기 때문이지요. 우리도 불안한 자세로 있는 것보다 편안하게 있는 걸 더 좋아하잖아요. 그것처럼 금속들도 불안한 구조보다 안정된 구조를 띠고 싶어 해요. 그 방법 중 하나가 산소나 황과 결합하는 거예요.

> **금과 은**
>
> 금과 은은 산소나 황, 어느 것과도 결합하지 않고 순수한 금속으로 존재한다. 그래서 금과 은은 발견 즉시 특별한 조작 없이 사용할 수 있어 오랜 옛날부터 사용되었다.

그래서 금속을 사용하려면 일단 산소나 황을 떼어 내야 하기 때문에 사용하기까지 오랜 시간이 걸렸어요. 대표적으로 알루미늄은 금속 중 매장량이 제일 많았지만, 19세기 말이 되어서야 사용이 가능했지요. 그만큼 가공이 어려웠던 거예요.

철 역시 사용하려면 철에 결합돼 있는 산소를 떼어 내야 해요. 산소는 높은 온도에서 떨어져 나가기 때문에 산소를 떼어 내려면 높은 온도로 금속을 녹여야 하지요. 이처럼 금속을 사용하려면 금속마다 산소가 떨어져 나가는 온도가 달라 그 금속에 맞는 높은 온도를 만들어 내는 게 중요해요. **인류가 철을 마음껏 사용할 수 있게 된 과정은 결국 철을 녹여낼 수 있는 기술이 있느냐, 없느냐에 달려 있었지요.**

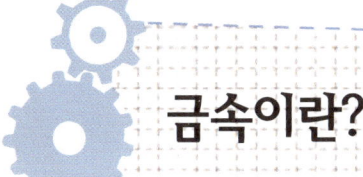

금속이란?

철은 지구 핵의 주요 구성 물질일 뿐만 아니라 태양이나 그 밖의 별(행성)의 주요 구성 성분으로도 알려져 있는 대표적인 금속이라고 했어요. 그렇다면 금속이라는 게 무엇인지 살펴보고 가야겠네요.

금속은 보통 고체 형태를 띠고 있으며 지금까지 인류가 발견한 물질 가운데 4분의 3이 금속일 정도로 그 종류가 굉장히 많아요.

금, 은을 비롯하여 철, 구리, 아연, 주석, 알루미늄 등이 모두 금속이에요. 그런데 이 중에서 철만큼 많이, 광범위하게 쓰이는 금속은 없어요. 그래서 금속을 구분할 때에는 철과 비철 금속(철이 아닌 금속)으로 나누어 말하지요.

그렇다면 철을 비롯한 금속들이 금속이 아닌 물질(산소, 질소, 수소, 네온 등)과 다른 점은 무엇일까요? 금속이 어떤 물질인지 알려면 금속의 성질을 살펴보면 돼요. 지금까지 알려진 금속의 성질을 정리해 보면 대략 6가지 정도예요.

첫째, 금속은 광택을 가지고 있어요. 금이나 은처럼 장신구로 많이 쓰이는 금속은 물론이고 수저나 알루미늄 포일처럼 금속마다 정도의 차이는 있지만 나름대로의 광택을 가지고 있어요. 이 광택 때문에 금속으로 만든 물건은 겉으로 보기에도 아름다워 보이지요. 특히 금이나 은 같이 강한 광택을 가진 금속은 그 아름다움 때문에 예로부터 너 나 할 것 없이 갖고 싶은 보석이 되었고, 가격 또한 상당히 비쌌어요. 특히 금은 특유의 광택과 희소성 때문에 예전에는 화폐로, 오늘날에는 재산으로써 그 가치를 인정받고 있지요.

금속의 두 번째 성질은 **전기가 잘 통한다**는 점이에요. 특히 이것은 금속의 가장 대표적인 성질이기도 한데, 전기가 통해야 하는 가전제품 등의 물건을 만들 때에는 반드시 금속을 사용해야 해요. 물론 금속마다 전기가 통하는 정도에는 차이가 있어요. 이를테면 납보다는 은이 전기가 잘 통하니까요. 이렇듯 금속마다 차이가 있지만 금속이 전기를 통하게 한다는 면에서는 모두 똑같아요. 그래서 어떤 물질이 금속인지 아닌지를 알아보는 가장 손쉬운 방법은 전기가 통하는지 안 통하는지를 테스트해 보는 거예요. **금속 중에 전기가 가장 잘 통하는 물질은 은이지만,** 은은 가격이 비싸기 때문에 사용하는 데 어려움이 있어요. 그래서 전선 등 전기 기구에는 은 대신 구리를 많이 사용해요.

금속의 세 번째 성질은 **열이 잘 전달된다**는 거예요. 끓는 물에 쇠국자를 담가 놓으면 물에 잠기지 않은 손잡이 부분까지도 뜨거워지는 걸 경험했을 거예요. 열을 잘 전달하는 금속의 성질 때

은수저와 신분

19세기만 하더라도 수저는 신분을 상징하는 도구였다. 보통 사람들은 놋쇠 수저를 많이 썼고, 신분이 높을수록 은수저를 사용했다. 요즘은 거의 모두 값싸고 녹슬지 않는 스테인레이스 스틸 수저를 사용한다.

문에 뜨거운 열기가 직접 닿지 않는 손잡이 부분까지도 뜨거워지는 거죠. 반면, 플라스틱 손잡이가 있는 국자는 끓는 물에 담가 놓아도 손잡이 부분은 뜨거워지지 않아요. 플라스틱은 열을 전달하지 못하기 때문이지요. 그래서 뜨거운 음식을 할 때 많이 사용하는 국자나 뒤집개의 손잡이에는 조리 중 손잡이를 잡을 수 있게 플라스틱을 덧대 놓아요.

이렇게 금속이 열을 잘 전달하다 보니 손으로 직접 만지기에는 불편하지만, 이 성질이 유용하게 쓰이는 경우도 있어요. 냄비나 프라이팬처럼 불에 직접 사용하는 조리 기구는 주로 금속으로 만들어요. 그 이유는 조금만 열을 가해도 전체가 뜨거워져 음식하기에 유리하기 때문이지요.

네 번째, 금속은 **빛을 통과시키지 못해요.** 예를 들어 자동차의 경우 유리로 만들어진 창으로는 햇빛이 통과하여 차 안으로 들어오지만, 금속으로 만들어진 차 문이나 지붕을 통해서는 빛이 들어오지 못해요. 그래서 햇빛을 차단해야 하는 경우 금속은 유용하게 쓰일 수 있어요.

금속의 다섯 번째 성질은 **다른 물질과 섞이거나 모양이 바뀔 수 있다**는 거예요. 지금까지 인류의 문명을 발전시킨 도구 가운데 금속을 최고의 도구로 보는 이유가 바로 여기에 있어요. 나무나 돌은 우리가 필요한 도구를 만들어 쓸 수는 있으나 서로 섞어서 사용할 수는 없어요. 하지만 금속은 그런 일이 가능해요. 철과 구리, 구리와

은, 금과 납 등 어떤 금속이든 녹여서 액체 상태로 만든 다음에 섞어 주면 이전과는 전혀 다른 성질의 새로운 금속이 만들어져요. 두 가지만이 아니라 여러 개의 금속을 동시에 섞을 수도 있고, 똑같은 금속도 섞는 비율을 바꿔 주면 또 다른 금속이 만들어지죠. 이런 성질 때문에 금속은 활용도가 매우 높아요.

금속의 여섯 번째 성질은 **힘을 주어 잡아당기거나 눌러도 모양이 쉽게 바뀌지 않는다**는 거예요. 금속은 높은 온도에서 녹이면 액체로 바뀌어서 모양의 변형이 자유롭게 이루어져요. 반면 식히면 단단한 고체가 되는데, 고체로 바뀐 금속은 그 형태가 쉽게 변하지 않아요. 이런 단단하고 견고한 성질 때문에 칼이나 가위, 가전제품의 몸체 등 모양이 변하면 안 되는 물건을 만들 때 유용하게 쓰여요.

지금까지 알려진 금속의 성질은 이상 6가지예요. 이런 6가지의 성질만으로도 금속은 다른 물질들과는 비교할 수 없을 만큼 활용도가 높아요. 금속을 사용하게 되면서 문명이 급속도로 발전하는 이유가 여기에 있죠. 하지만 이게 전부가 아니에요. 아직까지 우리가 찾아내지 못한 금속의 종류와 성질이 더 있을 수 있어요.

앞으로 금속에 대한 더 많은 연구를 통해 금속의 또 다른 성질을 밝혀낸다면 금속의 활용도는 더 높아질 것이고, 그로 인한 인류의 생활 발전도 더 커질 거예요.

철이란?

우리 생활 곳곳에 안 쓰이는 곳이 없을 정도로 광범위하고 다양하게 쓰이고 있는 철. 수많은 금속 가운데 유독 철이 많이 쓰이는 이유가 뭘까요?

일단 **철은 양이 많아요. 지구에 매장되어 있는 금속 가운데 그 양이 알루미늄 다음으로 많은 금속이** 철이에요. 매장량이 풍부하다 보니 쉽게 구할 수 있고 가격도 싸요. 양이 적어 값이 비싼 금이나 은보다 쉽게 사용할 수 있지요.

철의 강도 역시 많이 쓰이는 이유 중에 하나예요. 철은 굉장히 단단한 금속에 속하기 때문에 휘어지면 안 되는 건물이나 다리를 건설할 때 지지대 역할을 할 수 있어요. 대포, 기관총, 탱크 같은 무기를 철로 만드는 이유 역시 철이 단단하고 강하기 때문이지요. 또한 철은 석탄이나 석유 같은 화석 연료*처럼 사용하면 없어지는 자원이 아니라 **필요할 때마다 녹여서 다시 쓸 수 있는, 재활용이 가능한 자원이에요.** 재활용하지 않고 내버려 두면 철광석으로 변하는 성질이 있지요. 따라서 철은 영구적으로 이용이 가능한 자원으로 인식되고 있어요.

그러나 무엇보다 철이 다른 모든 금속을 제치고 가장 많이 사용되는 이유는 **다른 금속에 비해 철을 얻는 과정이 쉽다는 거예요.** 대부분의 금속은 사용하기 전에 산소나 황을 제거해야 하는데, 그 과정에는 높은 온도가 필요해요. 철과 더불어 일상생활에 많이 쓰이는 알루미늄, 니켈, 크롬, 티타늄과 비교했을 때 철은 비교적 낮은 온도에서 산소를 제거할 수 있어요. 철에서 산소나 황을 제거하는 것을 제철 또는 제련이라고 하는데, 이 부분은 뒤에서(제철 기술의 발달) 자세히 설명할게요.

또한 철은 **다른 자원들에 비해 가격이 저렴하고 비교적 풍부하게 매장되어 있어요.** 오늘날 철이 우리 생활의 필수품이 된 것도 이 때문이죠. 가위 날을 금으로 만든다고 생각해 보세요. 아마도 너무 비싸서 사용하지 못하는 집이 많을 거예요. 하지만 철은 양이 풍부하면서도 값이 저렴해서 누구나 부담 없이 사용할 수 있지요.

이처럼 철은 많은 장점을 지녔지만, 결정적인 단점도 있어요. 표면이 거칠고 투박하여 외관상 아름답지 못하다는 것과 녹이 잘 슨다는

> **니켈**
>
> 이름은 생소하지만 실제로 상당히 많이 쓰이는 금속이다. 주변에서 흔히 볼 수 있는 것으로 50원, 100원, 500원짜리 주화를 들 수 있다. 니켈은 강도나 세기에 있어 철과 비슷하지만, 잘 녹슬지 않아 합금의 원료로 다양하게 쓰인다.

철의 가장 큰 단점은 녹이 잘 슨다는 것이다.

거예요. 특히나 녹이 슬면 색이 까맣게 변하기 때문에 보기에 더 안 좋아져요. 또한 물과 닿으면 더 쉽게 녹이 슬기 때문에 물과 함께 사용하는 도구를 만드는 데 제약이 많았어요. 그래서 **만들어진 게 합금이에요**.

합금이란 철에 규소, 망간, 크롬, 바나듐 등을 섞어, 강도는 더 세면서도 열이나 물에 강한 성질을 갖게 만든 거예요. 합금 중에 가장 많이 알려진 건 스테인리스예요. '녹슬지 않는 강철'이라는 뜻인데, 흔히 '스텐'이라고 하지요.

스테인리스는 각 가정의 주방에 있는 싱크대, 수저, 칼, 병원에 있는 환자 용품이나 수술 용구, 항공기나 자동차 부품 등 여러 용도로 광범위하게 쓰이는 대표적인 합금이에요.

싱크대나 수저를 보면 알 수 있듯이 스테인리스는 물과 닿아도

> **스테인리스**
>
> 철에 12퍼센트 이상의 크롬을 섞어 만든 합금으로, 표면이 아름답고 잘 녹슬지 않으면서도 불에 강한 것이 특징이다.

녹슬지 않고 닦으면 반짝거리는 성질을 지니고 있어요. 외관상으로도 일반 강철보다 아름답지요.

스테인리스 이외에도 여러 종류의 합금이 있는데, 대부분의 합금은 스테인리스처럼 잘 녹슬지 않는 특징을 가지고 있어 자동차나 기계뿐만 아니라 항공 우주 산업의 부품으로도 쓰여요. 단, 합금은 철에 섞는 금속의 종류에 따라 조금씩 성질이 달라지기 때문에 합금의 종류는 많지만, 쓰임새는 일반 철보다 적어 많은 양을 생산하지는 않아요. 게

다가 합금을 만드는 데에 돈과 시간이 많이 들기 때문에 개발도상국에서는 합금을 생산하지 못하는 경우가 많지요. 하지만 합금 생산은 앞으로 국가 발전과도 밀접하게 연관되어 있어 오늘날에는 많은 나라들이 합금의 개발과 생산에 관심과 투자를 쏟고 있어요.

합금 연구의 시작은 철에 있어요. 철을 제대로 알고 철 생산이 원활하게 이뤄져야만 합금에 대한 연구와 개발, 생산도 이뤄질 수 있기 때문이죠. 풍부한 양, 사용상의 편리성, 저렴한 가격 등 철이 가지고 있는 이런 장점들을 고려할 때 아직까지 철을 대체할 금속은 발견하지 못했어요. 먼 미래에는 달라질 수 있겠지만 철 없는 발전은 생각할 수 없기에 당분간 인류는 철과 함께 생활해 나가야 해요.

화석 연료

석탄을 포함하여 석유, 천연가스, 역청 같은 자원을 화석 연료라고 한다. 화석 연료는 수억 년 전에 광합성에 의해 생성된 유기물의 잔해들이 땅속에 묻혀 있다가 열이나 압력을 받아 형성된 것이다. 오늘날 난방을 하거나 공장의 기계가 돌아가는 것은 모두 화석 연료 덕분에 가능한 것이다. 하지만 화석 연료는 모두 탄소를 포함하고 있어 타는 과정에서 이산화탄소가 발생한다. 이산화탄소는 대기 오염과 지구 온난화를 일으키는 주범이라 문제가 되고 있다. 또한 화석 연료는 한 번 사용하면 소멸되는 자원이어서 언젠가는 고갈되어 없어지므로 아껴 써야 하고 화석 연료를 대신할 대체 에너지 개발에도 관심을 기울여야 한다.

철의 종류

자연 상태에서 철은 철 자체로 존재하는 게 아니라 땅 속에서 다른 물질과 섞여 있어요. 대부분의 철은 바위나 모래에 섞여 존재하는데, 철이 바위에 섞여 있으면 철광석이라고 하고, 모래에 섞여 있으면 사철이라고 해요. 그래서 철을 사용하려면 먼저 돌이나 모래에서 철을 분리해야 해요. 철광석이나 사철에서 철을 분리하는 과정을 제련이라고 하는데, 이 과정을 거쳐야만 비로소 우리가 말하는 철이 만들어져요.

제련을 하려면 먼저, 커다란 난로 같은 제련로에 철광석이나 사철을 넣고 가열을 해야 해요. 제련로의 온도가 올라가면 철은 녹게 되고 돌이나 모래 같은 불순물은 아래쪽으로 가라앉게 되죠. 제련로의 밑바닥에는 구멍이 있어서 불순물이 밖으로 빠져 나가게 되어 있어요.

이처럼 철은 녹이는 과정을 거쳐야만 사용할 수 있는데, 녹는 동안에 공기 중에 있는 탄소가 철과 결합하게 돼요. 공기를 차단할 수는 없으니까요. 그래서 우리가 사용하는 대부분의 철은 순수한 철이 아니라 탄소와 결합한 철이에요.

그럼 탄소와 결합하지 않은 순수한 철은 없을까요? 자연 상태에서 탄소와 결합하지 않은 순수한 철은 존재할 수가 없어요. 그렇지만 오늘날엔 기술이 발달하여 탄소를 0.02퍼센트 이하로 제거한 철, 다시 말해 철 성분을 99.98퍼센트 이상 함유한 순수한 철의 제작이 가능해졌어요. 이를 '순철'이라고 부르죠. 하지만 순철은 너무 물렁물렁해서 전기 재료 등 특별한 경우에만 쓰여요.

철은 함유하고 있는 탄소의 양에 따라 그 성질이 달라져요. 탄소를 많이 함유하면 할수록 더 단단해지고 강해지지요. 철 녹이는 시간이 길어질수록 철 속에 들어가는 탄소의 양이 많아지기 때문인데, 탄소를 함유하고 있는 양에 따라 철의 종류를 나눌 수 있어요.

먼저 **탄소 함유량이 0.1퍼센트 이하인 철을 '연철'**이라고 해요. 연철은 손으로도 구부릴 수 있을 만큼 연하고 부드러워서 철제 도구를 만들기가 쉬워요. 하지만 너무 연하고 무른 탓에 무기처럼 강한 도구를 만들 때에는 사용하지 못한다는 단점이 있어요.

탄소를 0.1~1.7퍼센트 가량 함유하고 있는 철을 '강철'이라고 해요. 강철은 이름처럼 단단하고 강하면서도 잘 부러지지 않기 때문에 **가장 많이 쓰이는 철이에요.** 특히 칼, 창 같은 무기를 만드는 데 가장 적합하여 예전부터 많은 나라들이 강철을 생산하기 위해 애써 왔어요.

연철이나 강철은 두드려서, 즉 담금질을 해서 도구를 만드는 것이 가능해요. 둘 다 물렁물렁한 성질을 가지고 있어서 담금질을 하면 할수록 강하고 좋은 철이 되지요. 특히 강철은 오랜 담금질을 통해 칼이나 창 같은 무기 제작이 가능했어요. 그래서 전쟁을 통해 영토를 확장하려고 했던 옛날 사람들은 강한 강철을 만들기 위해 많은 노력을 했어요. 하지만 강한 강철을 얻으려면 끊임없이 두드려서 만들어야 했기 때문에 많은 양을 생산할 수는 없었어요.

그래서 옛날 중국에서는 두드리는 대신 저어 주는 방식을 사용하기도 했어요. 완전히 녹은 쇳물을 저어서 탄소량을 조절하는 거죠. 이 방법으로 당시 중국은 다른 나라보다 먼저 강철을 대량으로 만드는 데에 성공했어요. 하지만 사람이 하다 보니 젓는 힘이 일정지가 않아 같은 쇳물 안에서도 어떤 부분은 연철, 어떤 부분은 강철, 또 어떤 부분은 선철이 되는 경우가 많았어요. 강철의 질도 좋지 않았지요.

이런 원시적인 방법으로 철을 만들던 방식은 14세기 이후 용광로가 등장하면서 서서히 달라지기 시작했어요.

탄소를 1.7~4.5퍼센트 정도 함유하고 있는 철을 '선철' 또는 '주철'이라고 해요. 선철은 탄소 함유량이 높아 아주 단단하지만 대신 모양을 변형시키기 어렵고 잘 부러지는 단점이 있어요. 강철로 만든 칼은 칼과 칼이 만나 부딪혔을 때 살짝 휘었다가 다시 원래의 형태가 되는데, 선철로 칼날을 만들면 다른 칼과 부딪히는 순간 그대로 부러지고 말아요. 휘는 성질이 없기 때문이지요.

게다가 선철은 단단한 성질 때문에 두드려도 형태가 잘 변하지 않아요. 그래서 선철은 두드리는 대신 거푸집에 부은 후 그대로 굳혀서 도구를 만들어요. 담금질하는 과정을 거치지 않아 질 좋은 철은 안 됐지만, 거푸집에서 그대로 굳혀 만들기 때문에 똑같은 형태의 물건을 많이 만들 수 있었어요. 그래서 선철은 무쇠솥처럼 형태가 일정한 철제 도구를 만들 때 주로 쓰여요.

탄소가 1.7~7퍼센트 정도 함유된 철을 '무쇠'라고 해요.

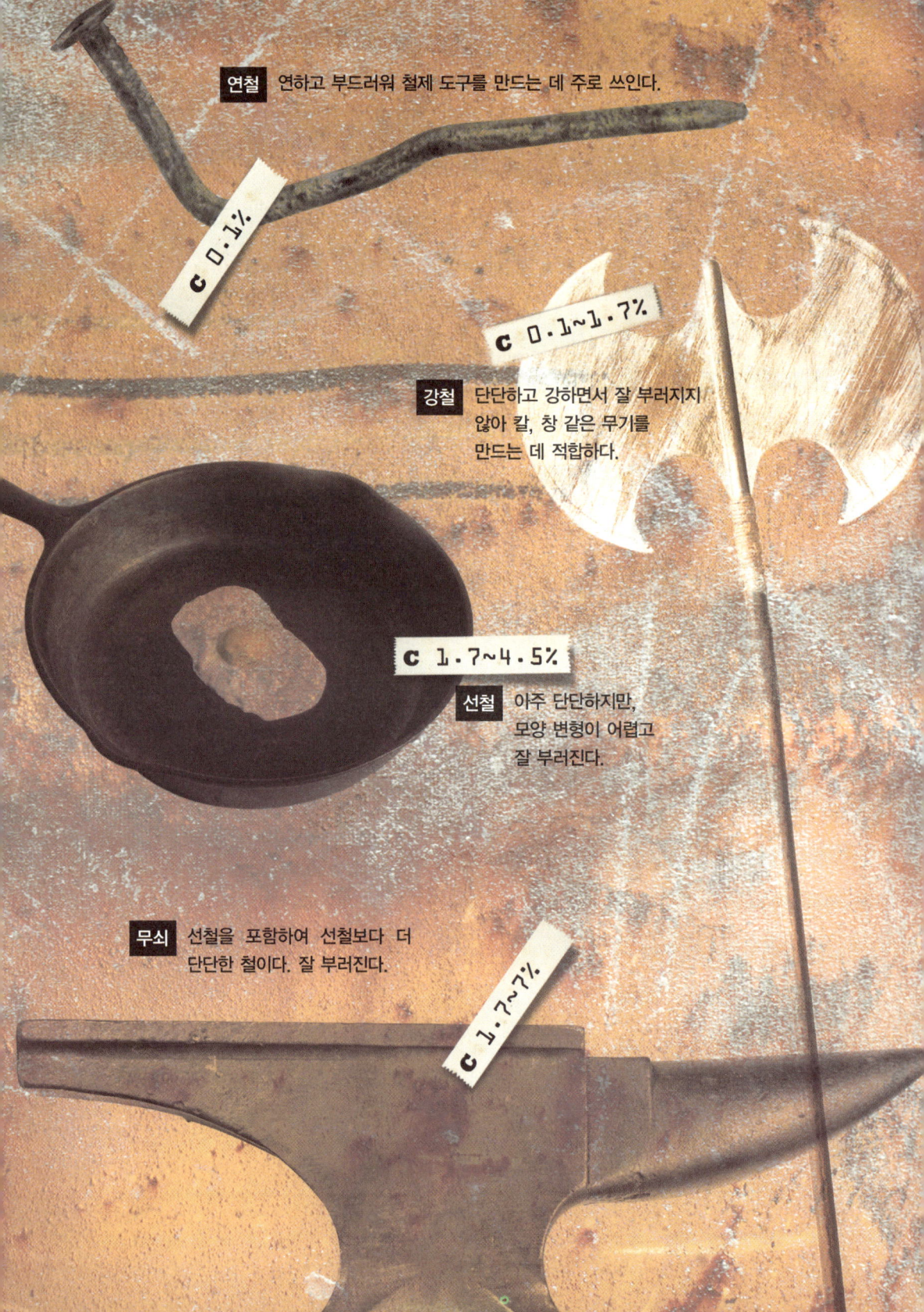

선철을 포함하여 선철보다 더 단단한 철을 부르는 말이에요. 만화 영화에서 로봇의 팔다리를 '무쇠팔 무쇠다리'라고 표현하는 걸 들은 적이 있을 거예요. 그만큼 로봇이 강하다는 걸 말하는 거죠. 또한 강인한 사람을 비유할 때에도 '무쇠'라는 말을 써요. 역시 무쇠*의 단단한 성질에서 온 말이에요. 그러나 무쇠는 단단하긴 하지만 잘 부러지는 단점이 있어요. 게다가 실제로는 강철이 무쇠보다 더 강하고 세기 때문에 로봇을 만들 때에는 강철이 더 적합해요.

오늘날 무쇠의 용도

무쇠는 강철보다 약하고 투박하기 때문에 오늘날에는 잘 쓰이지 않지만, 무쇠솥 같은 주방 조리 기구를 만들 때에는 여전히 많이 쓰이고 있다. 특히 무쇠솥은 다른 조리 기구보다 맛있는 밥을 지을 수 있기 때문에 음식점 등에서 애용되고 있다. 무쇠솥의 무게는 다른 솥에 비해 상당히 무거운데, 특히 뚜껑이 무거워 밥을 지을 때 중요한 요소인 압력과 온도의 조절이 잘 이루어진다. 또한 불이 닿는 밑바닥 가운데 부분은 두껍고 위로 올라올수록 얇아지기 때문에 열이 빠르고 고르게 전달되어 밥알이 단단하면서도 찰기 있는 밥을 지을 수 있다고 한다.

철의 라이벌 비철 금속

금속의 종류는 굉장히 많지만, 철의 사용량이 워낙 많다 보니 일반적으로 금속은 철과 비철 금속으로 분류한다. 비철 금속은 산소나 황을 제거해 사용 가능한 물질로 바꾸는 과정이 어려워서 그동안 연구가 많이 이뤄지지 않았다.

그러나 새로운 물질에 대한 관심이 커지고 과학 기술이 발달하면서 비철 금속에 대한 연구도 활기를 띠고 있어 앞으로는 사용량이 많아질 것으로 예상되고 있다.

구리는 비철 금속의 대표 주자로, 청동기 시대부터 사용해 온 가장 긴 역사를 갖고 있다. 구리는 지금까지 알려진 금속 가운데 은 다음으로 전기를 잘 전하고 가격이 저렴하기 때문에 주로 전기나 전자 산업에 많이 사용되고 있다. 현재 사용되는 구리의 70퍼센트 정도는 전선 등 전기 산업에 쓰인다. 나머지는 열 교환기나 가스, 수도 배관과 밸브 등에 사용되고 동전 재료로도 쓰이고 있다.

철 다음으로 많이 쓰이는 금속은 알루미늄이다. 알루미늄은 금속 중에 매장량이 제일 많지만, 금속으로 만드는 과정에서 많은 에너지가 소모되기 때문에 19세기에 이르러서야 사용이 가능했다. 현재도 알루미늄 제련 회사가 세워져 있는 나라는 몇 되지 않는다. 우리나라 역시 알루미늄은 전량 수입해서 쓰고 있다.

알루미늄이 가지고 있는 가장 큰 장점은 가볍다는 것이다. 그래서 가벼

우면서도 강해야 하는 비행기 몸체는 철이 아닌 알루미늄으로 만든다. 또한 알루미늄은 잘 녹슬지 않고 광택이 나는 특성이 있어 알루미늄 포일 같은 은박지나 포장 용기로 널리 쓰인다. 게다가 재활용율도 높아서 앞으로 쓰임새가 더 커질 것으로 기대되고 있다.

마그네슘은 금속 중에 가장 가벼운 금속이다. 그러나 무게에 비해 강하고 소음과 전자파를 차단하는 기능이 있어 자동차, 항공기는 물론 노트북, 휴대 전화와 같은 전자 기기에 사용할 수 있는 신소재로 주목받고 있다. 그러나 철과 닿으면 금방 녹이 스는 성질 때문에 아직까지는 의료 분야나 우주 항공 분야에서 특수한 용도로만 쓰이고 있다.

최근에는 철보다 가벼우면서도 강도는 세고 잘 녹슬지 않는 **티타늄**에 대한 관심도 증가하고 있다. 티타늄은 영화나 만화에서 미래 사회와 로봇이 소재로 등장할 때마다 언급되는 금속으로, 앞으로 사용량이 급증할 것으로 예상되고 있다. 하지만 아직까지는 제련하는 데 어려움이 많아 널리 사용되지는 못하고, 화학 공업이나 의료 분야에 제한적으로 쓰이고 있으며 골프채를 만드는 데에도 사용되고 있다.

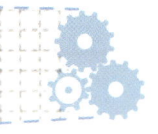

제철 기술의 발달

제철 기술이 발달하지 않았던 초기에는 광산에서 캐낸 철광석 덩어리 위에 장작을 태워서 그 열로 철을 녹여 철을 얻었어요. 그 뒤 장작 대신 목탄을 쓰긴 했지만, 가열 온도가 문제였지요. 온도를 높이려고 풍구(바람을 일으키는 기구)를 이용하거나 간단한 노를 사용하는 등 방법을 모색했지만, 이런 방법으로는 가열 온도를 높이고 일정한 온도로 유지하기가 어려웠어요. 철 생산에 본격적으로 높은 온도를 이용하게 된 것은 14세기 이후가 되어서예요.

14~15세기 무렵, 독일 지역에서는 목탄을 원료로 하는 용광로가 만들어졌어요. 이 용광로는 이전의 제련로보다 높이는 높고 수차를 이용해 강한 바람을 불어 넣는 것이 가능했어요. 이 용광로 덕분에 이전 시기보다 더 높은 온도에서 철을 녹이는 것이 가능해졌고, 탄소 함유량이 높은 선철을 만들어 냈어요.

그러나 선철은 너무 단단하고 딱딱해서 도구로 만들기가 쉽지 않았지요. 철은 탄소 함유량이 높을수록 더 단단해지는 성질이 있으므로 선철에서 탄소를 빼내면 선철보다 부

> **수차의 이용과 제철**
>
> 제철을 하려면 1천 도가 넘는 고온을 장시간 유지해야 한다. 하지만 기술이 뒤떨어졌던 예전에는 그 정도의 온도를 만들어 낼 수가 없었다. 그러다 11세기경, 유럽에서 수차 이용이 급속히 확산되면서 제철도 비약적인 발전을 하게 된다. 수차의 힘을 이용하여 대량의 바람을 용광로에 불어넣을 수 있게 된 것이다.

드러운 철이 돼요.

문제는 어떻게 탄소를 빼내느냐 하는 거였지요. 이때, 철에 대해 연구하던 사람들은 선철을 다시 용광로에 넣고 더 높은 온도에서 가열하면 오히려 탄소의 양이 줄어든다는 사실을 알아냈어요. 이것이 가능한 이유는 **철이 온도에 따라 성질을 바꾸기 때문이지요.**

철은 원래 탄소 등의 기체와 잘 결합하는 물질로, 온도가 높아질수록 결합력이 더 커져요. 그래서 높은 온도에서 철광석을 녹이면 철광석에서 분리된 철이 탄소를 많이 함유하게 되어 선철이 되지요. 하지만 **거기서 더 온도를 높여 주게 되면 철은 다시 성질을 바꾸어 기체와 잘 결합하지 않는 금속, 즉 선철보다 탄소 함유량이 적은 강철이 만들어져요.**

물론 그 상태의 철을 천천히 식히면 식는 동안 철은 또다시 성질을 바꾸어 탄소와 많이 결합하여 선철이 되겠지만, 고온에서 성질이 바뀐 철을 그대로 냉각시키면 탄소가 적게 함유된 철이 만들어진답니다. 드디어 강철을 만들어낼 수 있게 된 거예요.

물론 이전에도 강철은 만들었어요. 하지만 만드는 방법에는 차이가 있었지요. 제철 기술이 발달된 18세기부터 지금까지 강철은 선철을 먼저 만든 후 탄소를 빼내는 방식으로 만들어져요. 그러나 그 이전에는 연철을 만든 후 탄소의 함유량을 높여 강철을 만들었지요. 두 가지 방식으로 만들어진 강철은 탄소 함유량은 똑같아도 질이 달라요. 연철에서 강철, 강철에서 다시 선철, 그걸 다시 강철로 만드는 방식으로 만들어진 강철이 연철에서 바로 강철로 만들어진 강철보다 더 조직이 치밀하고 질이 좋아요.

　물론 연철에서 강철을 만들었다고 해서 질 좋은 강철을 만들 수 없는 건 아니에요. 연철을 더 높은 온도에서 녹여 탄소 함유량을 높인 후 대장간에서 벌겋게 달구어 담금질하다가 급속히 식히는 작업으로 질 좋은 강철을 만들기도 했으니까요. 하지만 이 과정은 시간도 오래 걸리고 고도의 기술이 필요해 대량 생산으로 이어지기가 어려웠어요.

　오늘날과 같은 강철의 대량 생산은 먼저 선철을 만든 다음에 다시 용광로 온도를 높여 강철을 만드는 2단계 제철법이 나온 다음에야 가능해졌어요.

　이 제철법은 영국으로 넘어가면서 더욱 발전하게 돼요. 영국은 철광석을 녹일 때 쓰는 목탄의 원료인 나무가 부족해서 철을 대량으로 만들어 내는 데 어려움을 겪고 있었어요. 대신 영국은 석탄이 풍부한 나

라답게 16세기부터 석탄을 일반 연료로 쓰고 있었기 때문에 석탄을 이용해서 용광로의 온도를 높이려고 했지요. 하지만 석탄 속에 들어 있는 유황 성분이 문제였어요. 석탄 속에 함유된 유황이 철과 만나면 철을 무르게 만들어서 사용할 수가 없었거든요.

이런 고민은 1709년 코크스가 만들어지면서 해결되었어요. **코크스는 석탄을 1천 도 이상의 고온에서 장시간 구운 것으로, 유황 성분을 상당량 제거하여 철광석 녹이는 원료로 알맞았어요.** 게다가 1776년, 제임스 와트의 증기 기관 원리를 이용하여 용광로 안에 강한 바람을 불어 넣을 수 있게 되면서 용광로 안의 높은 온도를 오랫동안 유지할 수 있게 되었어요. 이로써 철의 대량 생산이 가능해졌지요. 철의 대량 생산은 영국의 산업혁명이 일어나는 데에 결정적인 영향을 주었고, 이후 영국에서의 공업 발달은 활기를 띠게 돼요.

용광로에서 철을 녹이는 장면으로, 질 좋은 강철을 만들려면 필요한 온도를 일정하게, 장시간 유지하는 게 중요하다

철의 쓰임

교통수단과 철

오늘날 생산되고 있는 철은 일상생활에서부터 무기 등 방위 산업, 항공 우주 산업에 이르기까지 안 쓰이는 곳이 없을 정도로 우리 생활과 밀접하게 연결돼 있어요. 이 중에서 철이 가장 많이 쓰이는 곳은 어디일까요?

현재 세계의 철 생산량은 약 10억 톤 정도라고 해요. 그중 절반 이상이 자동차와 건설에 사용되는 것으로 추정하고 있고요.

세계 철광석 주요 산지

캐나다
미국
브라질
스웨덴
프랑스
에스파냐
우크라이나
러시아
중국
호주

건설 분야에서는 철도를 놓는 작업에 철이 가장 많이 소비되죠. 이 점을 감안하면 자동차와 철도 그리고 기차까지 포함하여 오늘날의 철 가운데 3분의 1이 교통수단에 쓰인다고 할 수 있어요. 달리 말해 철이 없었다면 자동차, 항공기, 고속철도 같은 현대 문명이 이룬 혁신적인 교통의 발달은 불가능했다는 거예요.

20세기 최고의 발명품이라 할 수 있는 자동차만 하더라도 철이 있어서 가능한 작품이었어요. 작은 부품에서부터 차체까지 철 없이는 만들어질 수 없는 교통수단이지요. 자동차가 대중화된 것은 100년이 채 안됐지만, 기하급수적으로 자동차 보급률이 증가하면서 자동차 분야에 소비되는 철의 양도 해마다 증가하고 있어요.

우리나라 최초의 자동차

우리나라 최초의 자동차는 지프형 승용차이다. 이것은 1955년 8월, 서울에서 정비업을 하던 최무성, 혜성, 순성 씨 삼형제가 미군에게서 받은 지프의 엔진과 변속기, 차축 등을 이용하여 드럼통을 펴서 만들었다. 자동차 생산의 시작이라는 의미로 처음 시(始), 출발 발(發)이라는 뜻으로, '시발자동차'라고 불렀다.

제철 산업이 발달하기 전에는 무겁고 녹이 슬어 시커먼 철이 많아서 자동차도 투박한 형태가 많았어요. 게다가 19세기 말까지는 바퀴도 고무 타이어가 아닌 철로 만들어진 마차 바퀴 같은 모양이어서 더 무겁고 투박했지요.

그러다가 제철 기술이 발달하여 얇으면서도 가볍고 강한 철이 생산되면서 엔진을 비롯한 자동차의 부품도 질 좋은 철로 대체되었고 성능도 향상되었어요. 그리고 고무 타이어를 사용하게 되면서 타이어를 지탱할 수 있는 휠 만드는 기술도 발달했지요.

이렇듯 자동차는 철과 함께 발전해 왔지만 최근 들어 자동차에 변화가 생기고 있어요. 계속되는 석유 가격의 인상과 환경 오염으로 인한 대체 에너지 개발의 필요성 등으로 자동차의 무게를 줄이자는 움직임이 그것이에요. 철 대신 알루미늄이나 플라스틱 같은 가벼운 소재로 자동차를 만드는 연구가 진행되고 있고, 철강 업계에서도 좀 더 가볍고 성능 좋은 철을 만들어 내기 위해 노력하고 있답니다.

> **염화칼슘과 철**
>
> 겨울에 도로에 눈이 쌓이면 염화칼슘을 뿌려 눈을 녹인다. 그런데 염화칼슘은 철을 부식시키기 때문에 차가 녹스는 일이 생긴다. 그래서 눈이 온 뒤에는 꼭 세차를 해서 차에 묻어 있는 염화칼슘을 제거해 주는 게 좋다.

기차는 오래전부터 친근한 교통수단이었다. 애니메이션 「은하철도 999」, 「토마스와 친구들」은 이런 감성이 반영된 것으로, 어린이들의 사랑을 듬뿍 받았다.

자동차와 더불어 철이 가장 많이 소비되는 교통수단은 기차예요. 유럽의 제철 기술은 코크스의 발명과 함께 영국을 선두로 급속히 발전했고, 유럽 내 철도의 확장으로 한층 더 가속화되었어요. 기차 차체를 제작할 때에도 철이 많이 쓰이지만 기차가 다닐 수 있는 레일, 즉 철로는 모두 철로 만들기 때문에 기차는 철에 대한 의존도가 상당히 높아요. 기차는 처음 스티븐슨에 의해 실용화된 이후 줄곧 여러 나라의 관심을 끌었고, 이미 19세기 초에는 영국, 프랑스, 독일 등 유럽 국가 뿐만 아니라 미국까지 앞다투어 철도를 놓기 시작했어요.

이렇듯 **기차가 처음부터 여러 나라의 환영을 받은 이유는 기차가 가지고 있는 안전성과 실용성 때문**이에요. 물론 기차를 이용하려면 반드시 먼저 철로를 놓아야 해서 처음에는 시간과 돈이 많이 들어요. 하지만 일단 철로가 깔리고 나면 자동차처럼 막히는 일 없이 정해진 시간에 목적지에 도착할 수 있어요. 또 날씨나 도로 상태와 상관없이 안전하게 목적지에 도착한다는 것도 커다란 장점이고요. 특히 기차는 무거운 화물을 나르는 데 드는 비용이 자동차보다 저렴하기 때문에 지금까지도 화물 운송에 많이 쓰이고 있어요.

또한 기차는 군사적 목적으로도 많이 활용돼요. 대규모의 군대나 무거운 무기를 운송하는 데 기차보다 적합한 운송 수단은 없을 거예요. 유럽이나 일본이 예전에 식민지를 지배할 때 제일 먼저 철도를 만들었던 것도 바로 이 때문이죠.

최근 기차에 생긴 또 하나의 변화는 국제 철도*의 건설이에요. 유럽은 이미 오래전부터 국경을 넘나드는 기차가 다니고 있었고 이 기차만 타면 유럽 여러 나라에 갈 수 있어요. 현재는 이 유럽 철도가 시베리아, 몽골, 중국을 지나 우리나라, 일본까지 가는 사업을 구상하고 있어요. 만약 이 철도가 완공된다면 일본, 중국, 러시아뿐만 아니라 영국, 프랑스, 독일 등 유럽도 비행기가 아닌 기차로 갈 수 있게 돼요.

자동차나 기차뿐만 아니라 선박 역시 철로 만들어지는 대표적인 교통수단이에요. 선박은 큰 몸체 부분이 모두 철로 만

오늘날에는 지하철이나 고속 철도(KTX)처럼 기차가 다양한 형태로 이용되고 있다.

들어지기 때문에 선박을 만드는 조선업은 철 없이는 이루어질 수 없는 산업이지요. 여행을 목적으로 하는 여객선이나 화물 운송에 쓰이는 화물선 할 것 없이 오늘날의 선박은 모두 철로 만들어져요.

또 석유를 운반하는 **유조선**이 있어요. 유조선은 배 한가득 석유를 실어 날라야 하기 때문에 철로 만든 견고한 선체가 없다면 절대 존재할 수 없는 배죠. 유조선이 있어서 나오지도 않는 석유를 우리나라도 사용할 수 있는 거랍니다.

국제 철도

국제 열차로 유명한 것으로 오리엔트 특급 열차가 있다. 영국의 추리 작가 애거서 크리스티의 『오리엔트 특급 살인』의 소재가 되었던 이 열차는, 영국의 런던, 프랑스의 파리, 스위스의 로잔, 이탈리아의 밀라노, (구)유고슬라비아의 베오그라드, 불가리아의 소피아를 거쳐 터키의 이스탄불까지 3500킬로미터를 운행하는 열차였다. 1883년에 처음 운행된 이 열차는 1977년에 운행이 중단되었다.

오늘날 유럽의 기차 여행은 유레일패스라는 승차권이 있으면 가능하다. 이 승차권은 유럽 13개 국가(해마다 계약을 통해 사용 가능 나라가 달라지기도 함.)의 기차를 횟수 제한 없이 몇 번이고 이용할 수 있어 지금도 유럽을 여행하는 많은 관광객들이 이용하고 있다.

건축과 철

교통수단과 더불어 오늘날 철이 가장 많이 소비되는 분야는 건축이에요. 거대한 빌딩, 튼튼한 다리, 높은 탑…… 현대 문명을 상징하는 이런 건축물 역시 철을 빼고는 말할 수가 없어요. 특히 건물을 지을 때 사용되는 철근은 건축에서 절대 빠져서는 안 되는 필수품이죠. 그렇지만 건축에 철이 사용된 건 그리 오래되지 않았어요.

우리나라만 하더라도 근대화가 되기 전까지는 주로 나무로 집을 지었어요. 그런데 우리나라는 유난히 돌산이 많아 나무를 구하기가 쉽지 않았어요. 그래서 사람이 기거하는 장소는 나무를 사용했지만 그 밖의 건축은 돌을 많이 이용했지요. 궁궐의 담이나 계단, 탑, 첨성대 등 지금도 돌로 만든 건축물들이 많이 남아 있어요.

돌을 건축에 이용한 건 서양도 마찬가지였어요. 고대 그리스인들이 지은 파르테논 신전이나 로마인들이 만든 콜로세움(원형경기장), 노트르담 성당 등 여러 성당들 모두 돌로 만든 것들이에요. 이집트의 피라미드나 페루의 마추픽추 역시 돌을 사용한 건축물이고요. 이처럼 돌은 동서양을 막론하고 오랫동안 사용되었던 최고의 건축 재료였고, 지금도 화강암, 대리석 등이 건축에 사용되고 있어요.

철이 건축에 사용된 건 제철 기술이 발달한 이후인 18세기부터예요. 하지만 이때까지는 기술이 부족하고 철에 대한 믿음도 없었기 때문에 나무를 사용하는 일부 부품 대신 사용하는 정도였지요. 그것도 철이 나무에 비해 화재의 위험이 적다고 생각했기 때문에요.

철이 본격적으로 건축 재료로 쓰인 것은 19세기 프랑스에서였어요. 특히 프랑스의 황제였던 나폴레옹은 철에 관심이 많아서 철을 생활에 쓸 수 있는 방법을 찾으라고 지시했지요. 이에 철로 만든 **다리인 '퐁 데자르'가 건축**되었어요.

퐁 데자르
프랑스 파리 센 강에 있는 철제 다리로, 센 강에서 유일하게 보행자 전용 다리이다. 차가 다니지 않아 예술가들의 전시 공간으로 자주 활용된다.

이전까지는 주로 돌로 만들었던 다리를 철로 만들자 사람들의 반응은 좋지 않았어요. 돌의 묵직함과 안정성에 비해 철로 만들어진 다리는 마치 뼈만 남은 것처럼 앙상하고 불안해 보였으니까요. 하지만 돌에 비해 건축도 쉽고 비용도 적게 들어서 효율성과 경제성에선 합격점을 받았어요.

게다가 시민 계층이 성장하면서 철 건축은 더욱 발전하게 돼요. 이전까지 귀족에게 눌려 살았던 시민(주로 상인과 공업인)들은 프랑스에서 시작된 시민 혁명(프랑스 대혁명)으로 지위가 높아지자 귀족과는 다른 새로운 문화를 만들고 싶어 했어요. 그때 관심을 끈 재료가 철이었어요. 철은 공장에서 만들어져 팔려 나가는 것이라 이익을 남길 수도 있었고, 새롭게 등장한 신소재라는 점에서 시민의 이미지와도 잘 어울렸어요.

시민들의 관심과 노력으로 이후 철은 다리뿐만 아니라 시민들을 위한 공간인 시장, 정원, 극장 등을 지을 때에도 쓰이기 시작했어요. 그러다 기차가 등장하면서 많은 건축가들이 철도 건설에 참여하게 되었고, 이후 건축에도 더 많은 철을 사용하게 되었지요.

> **프랑스 대혁명**
>
> 1789년부터 1799년까지 프랑스에서 일어난 시민 혁명으로, 전국민이 자유로운 개인으로서 자유와 평등을 보장 받고자 하였다. 브르봉 왕조를 무너뜨리고 프랑스의 사회, 정치, 사법, 종교적 구조를 크게 바꾸어 놓았다.

하지만 여전히 철은 아름답지 못하다는 인식 때문에 건축 내부, 즉 보이지 않는 곳에나 사용하고 겉으로 드러나는 곳에는 사용하기를 꺼렸어요. 그러다 19세기 말부터 철에 대한 인식이 바뀌게 되었는데, 그때부터 바깥 부분, 즉 보이는 곳에도 철을 사용하기 시작했지요. 그러나 여전히 바깥 계단이나 외부 구조물 등 미관상 별로 신경쓰지 않아도 되는 곳에 쓰이는 정도였어요.

철 건축물에 대한 인식을 완전히 바꿔 놓은 것은 1889년 프랑스 대혁명 100주년 기념으로 열린 파리 세계 박람

회 때 상징물로 세운 에펠탑이었어요. 지금도 프랑스 파리를 대표하는 에펠탑은, 그 어떤 것도 사용하지 않고 오직 철로만 만든 건축물이에요. 건축 초기에는 여러 지식인들과 시민들의 반대에 부딪혀 무산될 뻔하기도 했지만, 세워진 뒤에는 파리를 대표하는 최고의 건축물이자 예술품이 되었어요. 또한 이전까지 건축의 보조적 기능에 불과했던 철이 그 자체로 장식이자 건축 본체가 됨으로써 새로운 건축 양식이 탄생한 것으로 인식되었지요.

에펠탑 프랑스의 건축가 에펠이 설계한, 높이 312미터의 철탑이다. '철의 예술'이라 불릴 정도로 건축미가 뛰어나다는 평을 받고 있다.

에펠탑이 세워진 이후 철은 당당히 건축의 주재료로 떠오르게 돼요. 이전까지 크게 인식하지 못했던 철의 견고함과 편리함이 알려지면서 철은 많은 건축가들의 관심을 받게 되지요. 게다가 본격적으로 산업화가 이루어진 20세기부터는 견고하고 실용적이면서도 경제적인 건축물을 짓기 위해 노력했는데 철은 그런 조건을 만족시키는 재료였어요. 건축에서 철의 전성기가 열린 거예요.

철이 건축에 널리 이용됨으로써 생긴 가장 큰 변화는 건물의 고층화예요. 나무나 돌로 짓는 건축물은 높이를 높이려면 건물 자체의 크기, 즉 밑바닥을 크게 해야만 해서 높게 짓는데 한계가 있었어요. 하지만 같은 무게의 콘크리트보다 약 7배의 무게를 지탱할 수 있는 철강이 건축에 사용되면서 초고층 빌딩도 속속 등장했지요. 높이가 381미터나 되는 엠파이어 스테이트 빌딩이나 시카고의 시어스타워, 우리나라의 63빌딩 모두 강한 철강이 있었기에 지을 수 있었던 건물들이에요.

철은 튼튼하고 이용하기 편하면서도 저렴해서 건축물을 짓는 데 적합한 재료였다.

건물과 더불어 **철을 건축에 사용하면서 변화된 것 가운데 하나가 다리**예요. 특히 기둥에 강철 케이블을 연결하여 케이블에 다리를 매다는 방식인 '현수교'의 등장은 사람들을 놀라게 했지요. 현수교는 다른 다리에 비해 특히 외관이 아름다운데, 세계적으로 유명한 현수교로는 미국 샌프란시스코의 골든게이트브리지(금문교)와 일본의 아카시 해협 대교가 있어요. 우리나라에

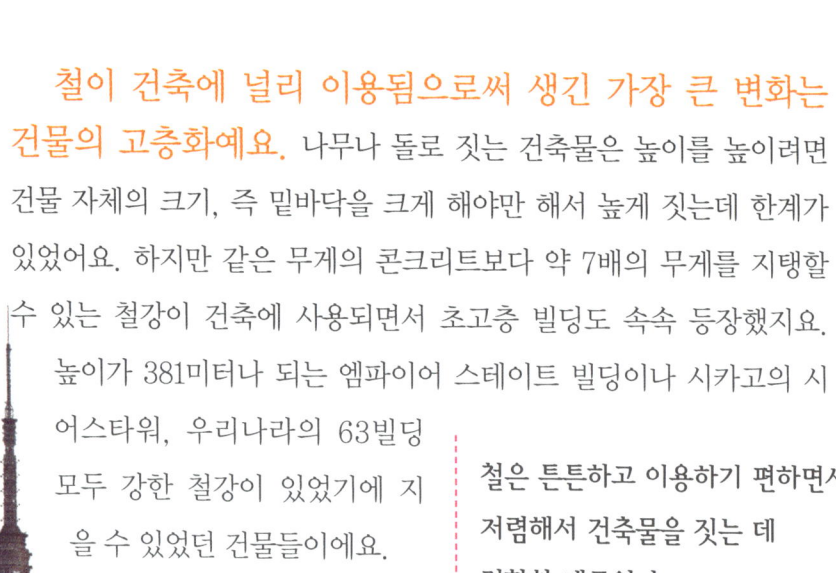

는 우리나라 최초의 현수교인 남해 대교와 부산의 광안 대교, 인천공항 고속도로에 있는 영종 대교가 있지요.

　철이 건축 분야에 쓰이게 된 것은 얼마 안 됐지만 철의 도입 이후 건축은 더욱더 다양해지고 새로워지고 있어요. 어떤 국가나 지역이 발전하고 개발되기 시작할 때 가장 먼저 하는 게 건설이에요. 즉, 건설은 경제 개발 및 삶의 질 향상의 출발점인 거죠. 그런 의미를 지닌 건설업에서 오늘날 가장 중요시되고 있는 재료가 철이에요. 질 좋고 견고한 철근을 공급해야만 튼튼한 뼈대가 완성되고 좋은 건축물이 탄생하게 되니까요.

남해 대교
1973년 6월에 개통된 우리나라 최초의 현수교이다. 길이 660미터로 한려수도를 가로지르고 있다.

Chapter 2
철을 사용하다

석기, 청동기, 철기.
도구의 변화는 곧 인류 역사의 변화였다.

석기 시대

'대체 엄마, 아빠는 왜 안 오시는 거지?'

오늘도 혼자 남아 동굴을 지키고 있는 '우가'는 자꾸만 엄마, 아빠가 걱정이 됩니다. 사냥을 나간 아빠와 과일을 따러 간 엄마가 오늘따라 많이 늦는 것 같습니다.

'엄마, 아빠를 찾아가 봐야겠어.'

우가는 용기를 내어 동굴을 나왔습니다. 이 동굴은 우가네 가족이 지난 봄부터 집으로 사용하는 곳입니다. 우가는 사냥을 하거나 채집하러 다니기에는 아직 어린 나이라 동굴 밖으로 나온 적이 거의 없습니다.

우가는 엄마, 아빠를 찾아야 한다는 생각에 용기를 내어 한 발 한 발 내딛습니다.

그때였습니다. 어디선가 나타난 뱀 한 마리가 우가를 향해 혀를 날름거리며 앞을 가로막습니다. 너무 놀란 우가는 뒤로 벌러덩 넘어지고 맙니다. 그런데 그때 뭔가 손에 잡히는 것이 있습니다. 우가는 급한 마음에 그것을 집어 뱀을 향해 던졌습니다. 그러자 그것이 뱀의 머리에 명중하였고, 뱀은 몇 번 꿈틀대다 쭉 뻗었습니다.

그제야 정신이 든 우가는 재빨리 뛰어 다시 동굴 안으로 들어왔습니다.

우가가 뱀에게 던져 뱀을 죽게 만든 게 뭘까요? 그래요. 짐작한 대로 '돌'이에요. 돌은 우가네 가족에게 없어서는 안 되는 매우 중요한 물건이었어요.

우가의 아버지가 사냥을 할 때에도, 어머니가 채집을 할 때에도 돌이 필요했으니까요. 이처럼 돌을 도구로 사용하던 시대를 '석기 시대'라고 해요.

> 돌은 오래전부터 가장 손쉽게, 흔하게 사용할 수 있는 도구였다.

석기 시대 초기의 사람들은 돌을 떨어뜨리거나 돌끼리 부딪혀서 필요한 도구를 만들었어요. 그런 석기를 뗀석기라고 하지요. 뗀석기를 사용하던 때를 석기 시대 중에서도 더 오래된 옛날이란 의미에서 구석

기 시대라고 하고요. 구석기 시대는 지금으로부터 약 250만 년 전부터 1만 년 전까지인데, 이 당시 인류는 산이나 강가에서 동물을 사냥하고 열매를 따먹으며 살았어요. 그러다 보니 먹을거리를 찾아 이동하는 생활을 해야 했고, 집을 짓기보다는 그냥 동굴에서 살았죠.

이렇게 오랫동안 이곳저곳을 떠돌다 보니 사람들은 정착해서 사는 삶을 꿈꾸게 되었어요. 그리고 한곳에 정착하려면 스스로 먹을 것을 만들어 내야 한다는 걸 깨달았죠. 그래서 시작된 게 농경이에요. 농경이 시작되자 사람들은 농사지을 때 필요한 농기구를 직접 만들었어요. 농기구는 구석기 때 만들어진 뗀석기보다 훨씬 더 정교한 기술이 필요했지요. 이렇게 해서 만들어진 **정교한 석기를 간석기라고 하고, 간석기를 사용하던 시대를 신석기 시대라고 해요.**

신석기 시대는 지금으로부터 약 1만년 전부터 시작되었는데 이때부터 인류는 농사를 지으며 정착 생활을 했고, 산속이 아닌 농사짓기에 적합한 강가에 모여 살게 되었어요. 그러면서 집도 지었는데 신석기 시대의 집을 움집이라고 해요.

신석기 시대의 움집

신석기 시대에는 기둥을 세울 수 있는 기술이 없어서 땅을 판 후 지붕을 얹는 식으로 집을 만들었다. 오늘날로 따지면 반지하의 집 형태라 할 수 있는데, 땅을 파서 집을 짓다 보니 집은 주로 원형이나 모서리가 둥근 사각형 모양이었다.

구석기 시대부터 신석기 시대까지 석기 시대는 인류가 살아온 전체 시간의 99퍼센트에 해당할 만큼 긴 시간이에요. 하지만 인류의 생활은 이렇다할 변화가 없었지요. 신석기 시대에 농사를 지었다고는 하지만 아주 원시적인 형태여서 수확량은 많지 않았어요. 오히려 그 양이 적어서 여전히 사냥과 채집 생활을 해야만 했죠.

이처럼 구석기 시대가 긴 시간임에도 불구하고 인류의 생활이 크게 변화가 없었던 건 도구가 한정돼 있었기 때문이에요. 오로지 돌로만 필요한 도구를 만들다 보니 다양하고 정교한 도구는 만들 수 없었고, 생활의 발전도 느릴 수밖에 없었지요.

청동기 시대

"네! 손기정 선수! 결승선을 향해 달려오고 있습니다.
결승선 얼마 남지 않았습니다. 드디어 골인!
손기정 선수 금메달! 금메달!"

1936년 베를린 올림픽 때의 일이에요. 베를린 올림픽 당시 우리나라의 손기정 선수는 일본 대표로 마라톤에 출전하여 세계 신기록을 세우며 금메달을 땄어요. 일본의 식민 지배를 받고 있던 때라 대한민국 대표로 출전하지는 못했지만, 우리나라 선수가 금메달을 땄다는 사실에 사람들은 모두 기뻐했고 독립에 대한 희망을 가질 수 있었지요. 베를린 올림픽 마라톤 우승으로 당시 손기정 선수는 청동 투구를 받았어요. 하지만 우리나라로 가져오지는 못했지요.

청동 투구에서 '청동'이란 뭘까요? '동'은 구리를 뜻하는데, 구리는 원래 붉은색을 띠는 금속이에요. 하지만 구리는 너무 무른

그리스 고대 청동 투구
독일 베를린의 박물관에서 보관하다 1986년에 손기정 선수에게 반환하였다. 현재 보물 904호로 지정되어 국립중앙박물관에 보관되어 있다.

금속이라 다른 금속을 섞어 사용하는 경우가 많아요. 구리에 주석을 섞으면 푸른색을 띠게 돼요. 이것을 '푸른색 구리'라는 뜻에서 '청동'이라고 부르지요.

인류가 처음으로 구리를 사용한 시기는 지역에 따라 기원전 6000년경부터 기원전 2000년경까지로 다 달라요. 그렇지만 **구리로 도구를 만들면서 인류의 생활은 급속하게 발전하기 시작해요.**

구리를 녹여 만든 청동 도구는 돌 도구에 비해 모양과 크기가 다양했고 더 단단했어요. 더 좋은 도구가 만들어지자 이전과는 다른 생활 모습이 나타났고, '문명'이라 불릴만한 위대한 문화도 만들어지기 시작했지요. 세계 4대 문명이라 불리는 중국의 황하, 인도의 인더스, 메소포타미아, 이집트 문명이 탄생한 것도 청동기 시대의 일이에요.

그런데 앞 장에서 말했듯이 구리를 비롯한 모든 금속을 사용하려면 금속을 녹일 수 있는 '불'이 있어야 해요. 다행히 인류는 구석기 때부터 불을 사용했고, 산불처럼 자연적인 화재가 일어날 때 금속이 불에 녹는 것을 목격했기 때문에 불을 활용할 수 있었어요. 문제는 얼마나 높은 온도를 낼 수 있는가 하는 것인데, 석기 시대에는 겨우 고기를 구울 정도의 온도를 만들어 내던 인류가 청동기 시대에 이르러서는 1천 도 정도의 높은 온도를 만들어 낼 수 있게 되었다고 해요. 덕분에 구리를 녹이는 일이 가능해졌지요.

또한 불 이외에도 녹인 금속의 모양을 잡아 주려면 모양 틀이 필요해요. 이것을 '거푸집'이라고 하는데, 불로 녹여 액체로 바뀐 구리를 거푸집에 부어 식히면 거푸집 모양대로 단단하게 바뀌어요. 그 다음

거푸집을 뜯어내면 원하는 도구를 갖게 되는 거죠. 청동기 시대의 유물 중에는 도끼나 칼 모양의 거푸집이 상당수 발견되고 있어요.

하지만 구리로 칼이나 도끼를 만들어 쓰는 데에는 한계가 있었어요. 그건 구리가 너무 무른 금속이기 때문이죠. 구리의 이런 성질 때문에 구리로 무기를 만들면 너무 약해서 사용할 수가 없었어요. 그래서 구리에 주석을 섞었어요. 구리와 주석을 섞으면 단단해져서 강한 무기를 만들기에 적합했거든요. 이렇게 해서 탄생한 도구가 청동기예요.

그러나 당시의 기술로는 청동기를 대량으로 만들기가 불가능했어요. 주로 지배층의 무기와 장식품 등으로만 사용되었지요. 청동기의 사용이 인류 문명에 큰 변화와 발전을 가져온 건 사실이지만 모든 일상생활을 변화시키지 못한 이유도 여기에 있어요. 청동기를 사용하면서 지배층의 생활이나 국가 간 힘의 우위는 확실히 큰 변화가 생겼지만, 청동기를 사용할 기회가 적었던 농민이나 평민들의 생활은 석기 시대와 크게 다를 바 없었거든요.

반면 철의 사용은 모든 사람들의 생활을 바꿔 놓을 만큼 그 영향력이 대단했답니다.

청동기를 사용하면서 인류는 '문명'이라 불리는 위대한 문화를 만들어 냈다. 그러나 생산에 제약이 많아 사회 전체를 바꿔 놓지는 못했다.

철기 시대

적의 공격에도 끄떡없는 튼튼한 성을 '철옹성'이라고 해요. 쇠로 만든 항아리처럼 튼튼하게 둘러쌓은 성이란 뜻이지요. 또 방어 시설이 잘 되어 있어서 공격하기 어려운 성을 가리킬 때 쇠로 만든 성과 철로 만든 벽이라는 뜻의 '쇠금철벽'이라는 말이 있어요. 운동 경기에서 상대방의 공격을 잘 막을 때에는 '철벽수비'라는 말을 쓰고요.

이 말들을 통해 알 수 있듯이 철은 사람들에게 매우 튼튼하고 강한 이미지로 인식되어 있어요. 그래서 오랜 옛날부터 철을 갖고 싶어 하고 사용하고 싶어 했지요. 하지만 운석에서 우연히 철을 얻은 상태에서는 그저 하늘에서 운석이 떨어지기만을 기다렸어요.

사람들이 땅에도 철이 매장되어 있다는 걸 알고 이용하기 시작한 것은 기원전 2000년경으로 추측하고 있어요. 기원전 2000년경 소아시아(지금의 터키와 그 주변) 지방에는 히타이트라는 민족이 살고 있었어요. 사실 이들의 존재는 1892년에 독일의 조사단이 터키의 성벽 도시를 발굴하기 전까지는 전혀 알려지지 않았어요. 독일 조사단에 의해 히타이트는 세계에서 최초로 철을 사용했고, 소아시아 지역에서 무려 천 년 동안 강력한 나라를 유지했던 민족이었다는 게 밝혀졌지요.

땅속에 철이 많이 묻혀 있긴 하지만 인류가 철을 발견하고 사용하는 건 쉬운 일이 아니었어요. 철은 구리보다 깊이 매장돼 있어서 찾기

도 힘들었고, 찾았다 해도 철을 녹이기 위한 높은 온도의 불이 필요했으니까요. 또한 가공하는 과정도 어려워서 철을 사용하기까지는 오랜 시간이 걸릴 수밖에 없었어요.

하지만 일단 철을 발견하고 이용하게 되자 철은 이전 석기나 청동기와는 다르게 엄청난 힘을 발휘하기 시작했어요. 무엇보다 철은 구리와 달리 다른 금속과 섞지 않아도 그 자체로 사용할 수 있을 만큼 단단했어요. 얼마나 단단하고 강한지 철로 만든 무기는 청동으로 만든 무기를 아주 간단하게 부수어 버렸어요. 그러다 보니 청동제 무기를 쓰는 민족들이 철제 무기를 사용하는 민족 앞에 하나 둘 무릎을 꿇고 말았지요.

히타이트는 기원전 14세기에 이미 전차, 철제 무기를 이용하여 크게 세력을 떨쳤다.

또 철은 매장량이 풍부하여 **무기, 장신구뿐만 아니라 화폐, 농기구, 그릇 등 생활용품의 재료로까지 두루두루 쓰였어요.** 그러다 보니 철을 사용하면서부터 인류의 생활은 광범위하게 변하기 시작했어요. 그 어떤 무기보다 강력했던 철제 무기는 그것을 사용한 사람들에게 힘과 권력을 주었고, 자연스럽게 지배층이 되게 했어요.

또한 철로 만든 농기구는 돌이나 나무로 만든 농기구보다 정교할 뿐만 아니라 훨씬 강하고 튼튼했어요. 당연히 이전보다 더 많은 농작물을 생산해 낼 수 있었지요. 또한 인구도 증가했는데 인구가 증가하자 가족, 사회, 국가의 모습도 같이 바뀌어 갔어요. 이렇듯 철기의 사용은 도구의 변화만이 아니라 생활, 사회 구조까지 변하게 만들었어요.

인류가 처음 철을 사용했던 게 기원전 2000년경이고 현재까지 철을 쓰고 있으니 철이 사용된 기간은 약 4000년 정도예요. 인류가 돌을 사용했던 기간은 약 250만년 정도이고요. 석기를 사용한 기간에 비하면 철기를 사용한 기간은 상당히 짧아요. 하지만 철기 사용 이후 인류의 생활의 변화는 눈에 띄게 급격히 빨라졌어요. 뿐만 아니라 오늘날의 발달된 문명, 즉 건물, 자동차, 선박, 가전제품, 생활용품 등도 철

철로 만든 화폐(철전)

우리나라에 발견된 철전 가운데 가장 오래된 것은 '명도전', '반량전'인데, 이는 모두 중국에서 만들어진 것이다. 중국의 화폐가 우리나라에서 발견된 것으로 보아 우리나라와 중국은 철기 시대부터 교류하고 있었음을 알 수 있다. 우리나라에서 만들어진 최초의 화폐는 고려 시대에 제작된 '건원중보'로 이 역시도 철로 만든 철전이었다.

이 있었기에 탄생한 것들이지요. 철의 발견과 사용은 단순한 도구의 변화를 넘어서서 문명의 발달을 가져온 매우 획기적인 사건이었어요.

철의 사용은 무엇보다 농작물의 생산량을 높이는 데 지대한 영향을 미쳤다. 농작물의 증가로 사회는 안정되고 사람들의 삶은 이전보다 풍요로워졌다.

문명을 이끈 또 다른 금속 구리

인류의 역사는 구리, 철 같은 금속을 사용하면서 빠르게 발전해 나갔다. 지금까지 인류가 사용한 금속은 금, 은, 구리, 철, 알루미늄, 주석, 아연, 납 등 수없이 많은데, 그 중에서 철보다도 먼저 문명을 이끈 주요 금속은 청동기 시대의 구리이다.

인류가 다른 어떤 금속보다 구리를 가장 먼저 사용한 데에는 몇 가지 이유가 있다. 우선, 구리는 지표면 가까이 매장돼 있어 다른 금속보다 발견하기가 쉬웠다. 게다가 금속 형태로 매장돼 있는 몇 안 되는 광물 중에 하나로 녹이기만 하면 바로 사용할 수 있었다. 대부분의 금속은 암석의 형태로 존재한다. 철만 하더라도 바위 형태인 철광석으로 땅속에 묻혀 있어서 철을 사용하려면 돌에서 철을 따로 분리하는 작업을 해야 한다.

또한 구리건 철이건 금속을 사용하려면 일단 불을 다룰 줄 알아야 한다. 인류가 처음 불을 사용했던 건 구석기 시대였다. 지금이야 불을 사용하는 게 신기한 일이 아니지만, 처음 인류가 불을 접했을 때 불은 신이 내린 축복 그 자체였다. 불을 처음 만들어 낸 과정에 대해선 여러 의견이 있지만 나무의 마찰로 발생한 열을 마른 나뭇잎 등에 옮겨 불을 일으켰을 거란 추측이 가장 유력하다.

불을 사용할 줄 알게 되자 인류의 생활에는 커다란 변화가 생겼다. 음식을 익혀 먹을 수 있게 되었고, 추위를 녹이거나 동물을 쫓아내는 데에도 큰 역할을 했다.

　인류가 모든 금속 가운데 구리를 가장 먼저 사용한 두 번째 이유는 불 때문이라 할 수 있다. 금속을 녹이려면 불의 온도를 일정 온도 이상까지 높여야 하는데,(금속이 녹기 시작하는 온도를 '녹는점'이라고 한다.) 금속은 종류마다 녹는점이 다르다. 구리는 1080도 정도에서 녹고, 철은 1535도까지 온도가 올라가야 녹는다. 이런 녹는점의 차이 때문에 철보다 구리를 녹이는 게 더 쉬웠고 철보다 먼저 사용된 것이다. 특히 '청동'이라 불리는 구리와 주석의 합금은 950도면 녹아서 더 낮은 온도에서도 제조가 가능했다.

　하지만 구리는 너무 무르다는 점 때문에 주석이나 아연을 섞어 단단하게 만들어야 하는 번거로움이 있었다. 그렇지만 청동기 시대가 한참 지난 지금까지도 청동기 시대 유물이 다수 남아 있을 정도로 청동은 공기 중에서도 녹슬지 않은 금속이라 오랫동안 보관이 가능했다.

Chapter 3
한반도에 철이 전해지다

철의 도입으로 한반도에도
　　　　　문명이 꽃필 수 있었다.

위만 조선과 철의 전래

우리나라 최초의 국가는 단군이 세운 고조선이에요. 건국 신화에 따르면 단군은 하늘에서 내려온 환인(하느님)의 아들 환웅과 곰이 환생한 웅녀 사이에서 태어났다고 해요. 물론 건국 신화는 지어낸 이야기이기 때문에 그 자체가 사실은 아니에요.

하지만 이야기를 잘 살펴보면 당시의 사실들을 발견할 수 있어요. 예를 들어 단군이 하늘의 아들 환웅과 곰이 환생한 웅녀 사이에서 태어났다는 건 하늘을 믿는 부족과 곰을 믿는 부족이 결합해 나라를 세웠다는 뜻이에요. 예전에는 부족마다 자연이나 동물을 수호신으로 섬겼는데, 수호신이 건국 신화에 그런 식으로 표현된 거지요.

그런데 단군의 건국 신화를 보면 환웅이 하늘에서 내려올 때 여러 진귀한 물건들을 가져왔다는 내용이 있어요. 청동거울, 청동검, 청동방울이 그것인데, 이것은 **고조선이 청동기를 사용하던 나라였음을 뜻해요. 즉 고조선은 청동기를 사용하여 주변 부족들을 정복해 나갔고, 그 결과 우리나라 최초의 국가가 된 것이지요.**

건국 당시 고조선이 사용했던 청동 제품들과 청동제 무기는 한반도에서는 선진 문물에 속했고 주변 지역 정복에도 유용하게 사용되었어요. 이후

시간이 지남에 따라 중국이나 다른 나라에서는 철기가 사용되었고, 우리나라에도 철기가 전래되었어요. **역사상 우리나라에 최초로 철을 소개한 사람은 '위만' 으로 기록돼 있어요.** 위만은 고조선의 마지막 나라인 '위만 조선' 의 창시자로 연나라 사람이라는 주장과 함께 중국에서 활동한 고조선계 유민이었을 거라는 주장이 있어요.

위만이 중국에 있었을 때, 중국은 춘추전국 시대 이후 계속된 혼란기였어요. 춘추 전국 시대란, 중국 땅 안에 여러 나라가 세워져 서로 경쟁하던 시대를 말해요. 이 시기 중국에서는 철기를 이용한 무기 생산이 활발히 이루어졌고 전투에서도 철제 무기가 사용되었어요. 서로 경쟁하던 여러 나라들은 다른 나라를 물리치기 위해 더 강한 무기를 필요로 했고, 철은 그것을 만족시켰어요.

위만의 국적

위만에 대한 정확한 기록이 없어 위만이 우리나라 사람인지 중국 사람인지에 대한 논란이 있다. 그러나 기록에 따르면 위만은 고조선에 들어올 때 상투를 틀고 한복을 입고 왔으며, 왕이 된 후에도 고조선이란 국명을 계속 사용했던 걸로 보아 우리나라 사람이었을 가능성이 크다고 본다.

이때 위만은 천여 명의 무리를 이끌고 전쟁과 혼란에 빠져 있는 중국을 피해 고조선으로 들어오게 돼요. 중국의 철제 무기를 가지고 말이죠. 당시 고조선의 왕이었던 준왕은 위만이 들고 온 철제 무기의 강함에 만족했고 위만을 서쪽 변경의 수비 대장으로 임명해요. 그곳에서 사람들을 통솔하고 지휘하면서 위만은 사람들에게 존경과 신임을 받고 자신의 세력을 점차 넓혀 나갔지요. 이후 세력이 커진 위만은 고조선의 수도로 쳐들어가 준왕을 몰아내고 왕이 되었는데, 이때부터 '위만 조선'이라고 불러요.

철기를 사용한 덕에 위만 조선은 주변에 강한 나라로 알려지며 다른 나라들과 무역을 했어요. 특히 중국과 무역을 많이 하게 되었는데 위만 조선이 발전할 즈음 중국에서는 '한'이라는 나라가 세워졌어요. 한나라는 중국 역사에서도 손꼽히는 강국이었지요. 그런 한나라와 무역을 하면서도 위만 조선은 위축되지 않았어요. 위만 조선은 한반도 남쪽에 있는 진나라와 한나라 사이에 위치한 지리적 이점을 이

한나라

용하여 진나라와 한나라 사이의 중계 무역으로 큰돈을 벌었어요. 한나라는 그런 위만 조선을 못마땅하게 생각했죠.

그러던 중 한나라에 '무제'라는 왕이 등장했어요. 무제는 강한 철제 무기를 만드는 데 노력을 기울였고, 마침내 강력한 철제 무기를 만들게 되자 위만 조선에 쳐들어와 전쟁을 일으켰어요. 전쟁은 강력한 무기를 앞세우고 일찍부터 전쟁 준비를 해 왔던 한나라가 승리했지요. 이후 우리나라는 한동안 중국의 지배를 받게 돼요. 위만 조선 역시 철기를 사용했지만 중국 한나라의 철기보다는 수준이 낮았던 거예요.

비록 한나라에 패하기는 했지만 위만 조선 덕에 우리나라에도 철기가 보급될 수 있었어요. 철기의 보급으로 우리나라에서도 철제 도구가 쓰이게 되었고, 이후 무기뿐 아니라 농업, 상업, 수공업 등 경제 분야에서의 발전도 이루어지게 되지요.

철기의 전래

고조선이 멸망한 뒤, 고조선 유민들이 한나라의 지배를 피해 남쪽으로 내려가자 한강 유역과 그 남쪽에도 철기가 퍼졌다.

같은 철기를 사용했다 하더라도 더 강한 무기를 가진 나라가 그렇지 않은 나라를 지배했다.

위만 조선

철의 왕국 가야

철기 문화는 중국과 우리나라에 이어 일본에서도 시작되었어요. 일본의 철기 시대를 야요이 시대라고 하는데, 야요이 시대의 토기나 철제 유물은 우리나라 가야 시대의 유물과 비슷하게 생겼어요. 그것은 일본에 철기 문화를 전파한 사람들이 바로 가야 인들이기 때문이죠. 그럼 대체 가야는 어떤 나라일까요?

가야는 서기 42년부터 한반도 남부(지금의 경상남도)에서 발달한 나라로, 6개의 작은 나라로 나뉘어 있었어요. 그렇지만 흔들림 없이 오랜 시간 동안 나라를 유지해 나갔지요. 가야가 오랜 기간 나라를 유지할 수 있었던 것은 여러 가지 이유가 있겠지만, 그 중 가장 큰 이유는 강력한 철기를 사용했다는 거예요. 가야를 대표하는 도시 중 하나인 김해(금관가야의 수도)는 한자로 '쇠의 바다(철의 바다)'라는 뜻이에요. 그만큼 가야 땅에는 철이 많이 묻혀 있었고, 이런 풍부한 철 매장량 덕분에 철제 도구가 많이 만들어졌어요.

특히 오늘날까지도 옛 가야 땅에서는 '덩이쇠'라고 불리는 철 뭉치가 많이 발견되고 있어요. '덩이쇠'란 말 그대로 철의 덩어리를 말하는데 얼핏 보기에는 특별한 용도가 없어 보여요. 하지만 철 덩어리다 보니 필요에 따라 사용하기가 편리해서 철제 도구를 만드는 사람들에게는 원료로서 자주 거래가 되었지요. 게다가 덩이쇠는 크기와 무게가 일정해서 물건을 사고 팔 때 돈처럼 쓰였어요. 가야에 덩이쇠가 많았다는 건 이웃 나라들과 무역을 많이 했다는 뜻이에요. 덕분에 가야는 부유한 나라가 될 수 있었지요.

철이 많아서 유리한 점은 뭐니 뭐니 해도 강력한 철제 무기를 많이 만들 수 있다는 거였어요. **가야가 만든 철제 중에 눈에 띄는 것은 갑옷**이에요. 가야의 갑옷은 몸통 전체가 하나의 철판으로 되어 있는 형태로, 적의 활이나 창 공격에도 끄떡없는 훌륭한 것이었지요. 또한 철로 만든 투구를 쓰고 철로 만든 창도 사용했어요. 뿐만 아니라 말에게도 말 머리 가리개와 갑옷을 입혔지요. 옛날에는 주로 말을 타고 싸웠기 때문에 말을 보호하는 것도 전쟁에서 승리하기 위한 방법 중 하나였어요.

이런 우수한 철제 도구를 방패 삼아 가야는 비록 작은

> **가야의 덩이쇠**
>
> 가야의 덩이쇠는 철을 일정한 크기와 모양으로 만든 것으로, 열 개를 한 묶음으로 하여 화폐처럼 썼다.

나라였지만, 주변에 있던 백제나 신라 같은 강한 나라의 위협에도 굴하지 않고 꿋꿋하게 나라를 지켜 낼 수 있었어요. 철이 국가의 번영과 유지의 버팀목 역할을 했던 것이지요.

하지만 그런 가야도 고구려의 공격을 막아 낼 수는 없었어요. 고구려가 가야보다 더 강한 철제 도구를 갖고 있었기 때문이지요. 서기 400년, 고구려 광개토 대왕의 군대가 가야를 침략했어요. 가야는 고구려 군에게 패했고 힘센 남자들은 모두 포로로 잡혀갔지요. 그러자 가야와 국경선을 맞대고 있던 신라가 가야를 괴롭히기 시작했어요. 남자 군사들이 모두 잡혀가 신라의 공격을 막을 수 없었던 가야는 여자들이 갑옷을 입고 싸우기 시작했어요. 가야의 무덤에서는 철 갑옷을 입은 여전사들의 뼈가 발견되었어요. 여전사들의 활약으로 가야는 당장 망하는 것은 피할 수 있었지만 이후 가야의 힘은 급속히 약해졌어요. 결국 신라 법흥왕 때 가야의 중심 국가였던 금관가야가 망하고 신라 진흥왕 때에는 완전히 나라를 빼앗기고 말아요.

아쉽게도 가야는 역사 속으로 사라졌지만, 가야의 철기와 철제 기술은 사라지지 않았어요. 가야를 점령한 신라는 가야의 뛰어난 철제 기술을 배워 강국으로 성장했고, 그 힘으로 무열

왕 때에는 삼국을 통일했으니까요. 또한 신라의 침략을 피해 일본으로 건너간 가야 인들 덕분에 일본에도 철기 문화가 전래되었어요. 일본의 철기 문화인 야요이 문화가 가야 문화와 비슷한 것도 일본으로 건너간 가야 인들 때문이에요. 가야는 비록 망했지만 가야 인들의 철기 문화는 우리나라와 일본 역사에 큰 영향을 끼쳤답니다.

가야의 뛰어난 철기 문화는 갑옷에서 잘 드러난다. 적의 공격에도 끄덕 없는 철판 갑옷과 철제 무기로 가야는 오랫동안 번영을 누렸다.

고구려의 한4군 격퇴

역대 우리나라 국가들 가운데 가장 영토가 넓었던 나라는 고구려 예요. 전성기 때의 고구려는 지금 우리나라의 충청도부터 중국의 만주 지방까지 넓은 영토를 차지했었죠. 하지만 고구려도 처음부터 강한 나라는 아니었어요.

고구려는 고조선이 망한 후 우리 민족이 세운 여러 나라 중 하나였어요. 위만 조선이 중국 한나라의 침략을 받고 멸망하자, 우리 민족은 한나라의 지배를 피해 여기저기 도망가 살다가 나라를 세우기 시작했어요. 한나라와 맞서 싸우기 위해서요. 위만 조선을 멸망시킨 한나라는 고조선 옛 땅인 한반도 북부에 4개의 군(오늘날의 '도'나 '시'와 같은 행정 구역)을 설치하여 우리나라를 지배했어요. 이를 한4군이라고 하는데, 한4군과 맞서 싸우려면 강력한 지도부가 있어야 했고, 그 지도부가 중심이 되어 나라를 세웠어요.

한4군과 싸우면서 세워진 나라 가운데 하나가 고구려였고, 그 외에도 부여, 옥저, 동예, 삼한(마한, 진한, 변한)이 있었지요. 하지만 이들 나라들 가운데 실제로 한4군을 몰아낸 건 고구려뿐이었어요. 그건 고구려만의 강력한 철제 무기가 있었기 때문이에요.

고구려는 부여에서 온 주몽이 세운 나라로, 출발은 다른 나라들에 비해 늦은 편이었어요.

당시 아시아에서 가장 강력한 나라는 중국의 한나라였어요. 강한

고구려

현도군
기원전 75년, 요동 지역으로 밀려남.

낙랑군
313년 고구려에 정복 당함.

임둔군
기원전 82년 폐지

진번군
기원전 82년 폐지

한4군 한나라는 위만 조선을 멸망시킨 뒤, 그 영토를 지배하기 위해 고조선 옛 땅인 한반도 북부에 낙랑, 진번, 임둔, 현도 4개의 군을 설치했다. 진번군과 임둔군은 별 구실도 못한 채 20년 만에 폐지되었고, 고구려에 의해 낙랑군이 정복 당하면서 역사에서 사라졌다.

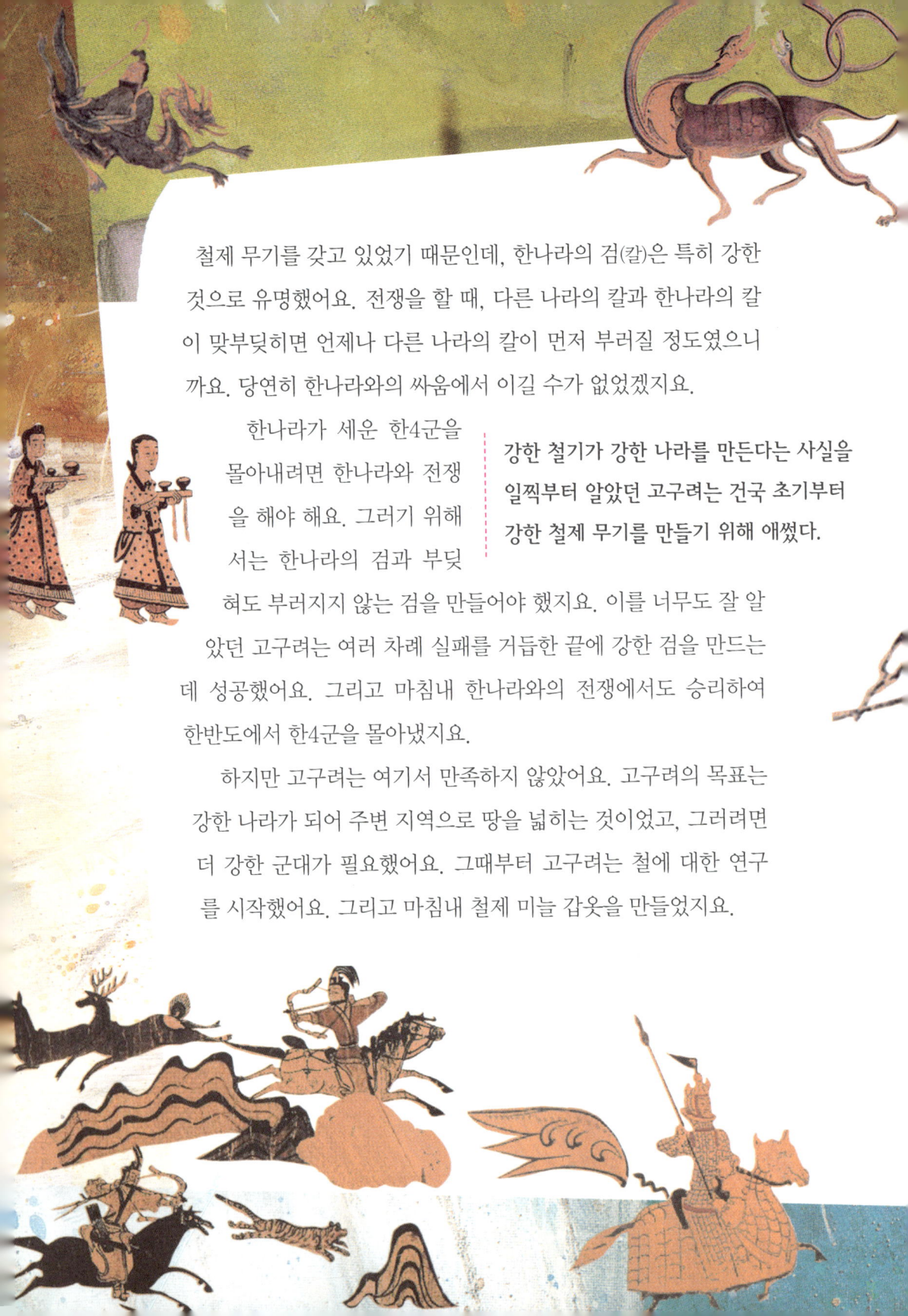

철제 무기를 갖고 있었기 때문인데, 한나라의 검(칼)은 특히 강한 것으로 유명했어요. 전쟁을 할 때, 다른 나라의 칼과 한나라의 칼이 맞부딪히면 언제나 다른 나라의 칼이 먼저 부러질 정도였으니까요. 당연히 한나라와의 싸움에서 이길 수가 없었겠지요.

한나라가 세운 한4군을 몰아내려면 한나라와 전쟁을 해야 해요. 그러기 위해서는 한나라의 검과 부딪혀도 부러지지 않는 검을 만들어야 했지요. 이를 너무도 잘 알았던 고구려는 여러 차례 실패를 거듭한 끝에 강한 검을 만드는 데 성공했어요. 그리고 마침내 한나라와의 전쟁에서도 승리하여 한반도에서 한4군을 몰아냈지요.

강한 철기가 강한 나라를 만든다는 사실을 일찍부터 알았던 고구려는 건국 초기부터 강한 철제 무기를 만들기 위해 애썼다.

하지만 고구려는 여기서 만족하지 않았어요. 고구려의 목표는 강한 나라가 되어 주변 지역으로 땅을 넓히는 것이었고, 그러려면 더 강한 군대가 필요했어요. 그때부터 고구려는 철에 대한 연구를 시작했어요. 그리고 마침내 철제 미늘 갑옷을 만들었지요.

철제 미늘 갑옷

전쟁 때에 몸을 감싸는 갑옷은 이미 오래전부터 제작되었고, 중국이나 가야에서는 일찍부터 철로 만든 갑옷을 만들어 입었어요. 철로 만든 갑옷은 나무나 가죽으로 만든 갑옷보다 적의 공격을 잘 막아 냈지요. 하지만 가야의 철 갑옷을 비롯한 다른 갑옷들은 철로 만든 판을 몸통 앞뒤로 달고 있어 무게도 많이 나갈 뿐만 아니라 딱딱하게 고정되어 있어서 움직이기가 불편했어요. 게다가 그런 갑옷을 입고 말 위에 올라탄다고 생각해 봐요. 갑옷 무게 때문에 말도 제대로 달리기가 어려웠겠지요.

그런데 **고구려에서 이런 단점을 보완한 새로운 형태의 갑옷을 만든 거예요.** '미늘 갑옷'은 갑옷의 표면이 물고기의 비늘 모양처럼 생겼어요. 다른 갑옷들이 큰 철판을 앞뒤로 연결하여 만든 것과 달리 미늘 갑옷은 물고기 비늘 같은 작은 철판 조각을 연결하여 만들었어요. 미늘 갑옷은 큰 판을 연결한 '판 갑옷'에 비해 가벼웠고, 철판이 고정돼 있는 것이 아니라서 몸을 자유롭게 움직일 수가 있었어요. 이러한 미늘 갑옷을 만들기 위해선 철을 작고 얇게 만들 수 있는 기술이 필요하죠. **고구려가 미늘 갑옷을 만들었다는 건 당시 고구려의 철 제련 기술이 뛰어났음을 증명해요.**

고구려 고분 벽화*를 보면 갑옷을 입은 고구려의 병사가 말을 타고 달리면서 자유자재로 활을 쏘는 모습을 볼 수 있어요. 고구려 병사의 뛰어난 활 솜씨는 미늘 갑옷이 없었다면 불가능했을 거예요. 거기에다 고구려 병사들은 철심이 박힌 신발을 신고 있었어요. 오늘날의 스파이크 신발과 비슷하게 생긴 이 신발은, 바닥에 여러 개의 철심이 못처럼 박혀 있어 적들에게는 위협적으로 느껴졌어요. 미늘 갑옷과 철심 박힌 스파이크 신발만으로도 고구려 군대의 강한 힘이 드러났고 주변 나라들은 고구려를 두려워할 수밖에 없었어요.

우수한 철 제련 기술을 바탕으로 한 강력한 군대의 힘 덕분에 고구려는 이후 동아시아 최고의 국가로 성장해요. 영토를 확장하는 것은 물론이거니와 신라에 쳐들어온 일본 군대를 내쫓았으며 철제 무기를 자랑하던 가야 군과의 싸움에서도 쉽게 승리를 했지요. 뿐만 아니라 우리나라에 쳐들어오는 중국의 침략도 여러 차례 막아 내어 우리 민족의 영토와 문화를 지켜 내기도 했어요. 결국 고구려의 강인함은 철을 다루는 우수한 기술에서 나온 거라고 할 수 있겠지요.

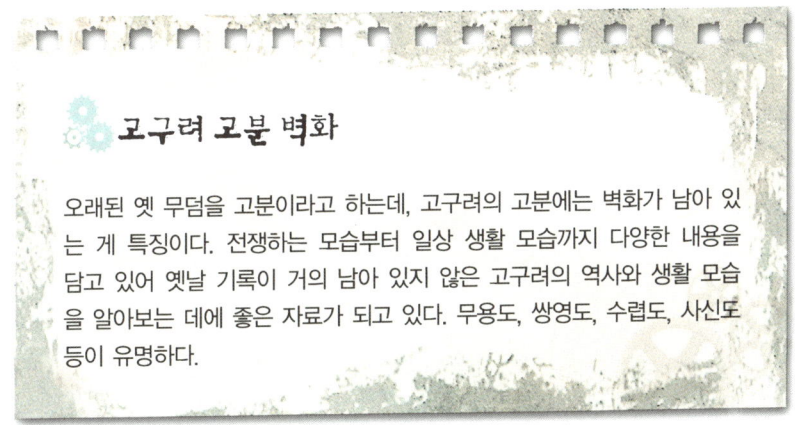

고구려 고분 벽화

오래된 옛 무덤을 고분이라고 하는데, 고구려의 고분에는 벽화가 남아 있는 게 특징이다. 전쟁하는 모습부터 일상 생활 모습까지 다양한 내용을 담고 있어 옛날 기록이 거의 남아 있지 않은 고구려의 역사와 생활 모습을 알아보는 데에 좋은 자료가 되고 있다. 무용도, 쌍영도, 수렵도, 사신도 등이 유명하다.

위대한 철 발명품 금속활자와 거북선

한반도에 철이 전해진 이래 역사적으로 위대한 철 발명품을 꼽으라면 단연 금속활자와 거북선이다.

▎금속활자?

금속활자는 글을 인쇄하기 위해 금속으로 만든 글자의 틀이다. 지금은 컴퓨터나 전자, 레이저 광선 등 최신 기술을 이용하여 책을 만들지만, 이러한 기술이 없던 시대에는 일일이 손으로 글씨를 써서 책을 만들었다. 이 방법은 당연히 시간도 오래 걸리고 일손도 많이 들어서 책을 보급하고 읽는데 불편함이 많았다.

이런 불편함을 없애고자 만들어진 것이 활자이다. 금속활자가 만들어지기 전에는 목활자가 있었다. 목활자를 이용한 목판 인쇄술은 책을 만들 때 책 페이지마다 목활자를 따로따로 만들어야 했다. 세계적으로 유명한 우리나라의 '팔만대장경' 도 목활자로 만들어졌는데, 목판 개수가 팔만 개가 넘는다.

이와 달리 금속활자는 활자 하나가 글자 하나이기 때문에 책을 만들 때에는 활자를 글자에 맞게 조합하면 된다. 하지만 금속은 나무처럼 조각이 불가능했기 때문에 금속을 이용해 활자를 만든다는 것은 굉장히 어려운 작업이었다. 서양에서 금속활자를 이용해 대량 인쇄에 성공한 쿠텐베르크가 금속활자를 만든 것은 1450년으로 불과 600년도 안 된다. 이에 비해 우리나

라가 만든 '직지심체요절'은 1377년에 만들어진 것으로, 쿠텐베르크의 금속활자보다 무려 100여 년이나 앞선다. 직지심체요절은 세계 최초의 금속활자 인쇄물로 인정받아 세계 문화유산으로 등록되어 있다. 안타까운 건 현재 이 문서가 우리나라에 없고 프랑스 국립 도서관에 보관되어 있다는 것이다.

금속활자는 재료에 따라 구리활자, 납활자, 쇠활자 등 다양하지만, 금속을 섞어서 만든 것이라 통상적으로 금속활자라고 부른다. 금속활자의 발명으로 인류는 다양한 책을 만들 수 있었고, 널리 책을 보급할 수 있었다.

▌거북선

오늘날의 배는 철판을 연결해서 만들기 때문에 철이 배의 재료가 된다는 것이 전혀 어색하지 않다. 하지만 옛날 사람들은 물에 가라앉는 무거운 철로 배를 만든다는 것은 상상도 하지 못했다. 그래서 오로지 나무로만 배를 만들었다. 그런 고정관념을 깨고 철갑 거북선을 만든 인물이 바로 이순신이다.

많은 사람들이 이순신 하면 거북선을 떠올리고 이순신이 거북선을 처음 만든 것으로 알고 있는데, 거북선은 조선 초기부터 만들어졌던 배였다. 하지만 조선 초기의 거북선은 말 그대로 거북이 모양을 본뜬 배였지, 철갑선은 아니었다. 이순신은 임진왜란 당시 일본군을 어떻게 물리칠까 고민하다가 옛날 기록에 남아 있던 거북선을 다시 만들고, 배 위를 철로 덮어 철갑선을 만들었다. 이 철갑 거북선은 싸움을 할 때 맨 앞에 나서서 적을 향해 공격하는 돌격선의 역할을 훌륭하게 해냄으로써 우리나라의 승리를 이끌었다.

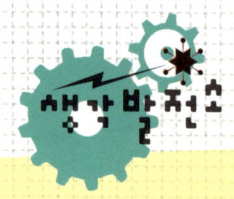

철제 도구를 만드는 곳 대장간

그리스 신화에 보면 헤파이스토스라는 신이 있다. 헤파이스토스는 불과 대장간의 신으로, 미의 여신인 아프로디테의 남편이기도 하다. 그리스의 12신 가운데 대장간의 신이 포함되었다는 것은 당시 그리스에서 불과 철을 귀한 것으로 여겼음을 말해 준다. 로마 신화에도 불카누스라는 이름으로 대장간의 신 이야기가 전해지고 있다.

그렇다면 우리나라는 어떨까? 우리나라에도 불과 철에 관한 신이 존재한다. 철을 제련하는 대장장이들의 우상을 '야철신'이라고 하는데, 고구려 벽화에 이 야철신의 모습이 등장한다. 고구려에서도 철의 제련을 중요시했다는 얘기다. 특히 강하고 질 좋은 철제 무기의 생산 여부는 전쟁에서의 승패를 좌우하기 때문에 나라마다 철을 국가적인 사업으로 삼아 좋은 철을 만들려고 애썼다.

이처럼 중요한 철의 제련이 이루어지는 대장간은 어떤 곳이었을까? 대장간을 구경해 보자.

담금질
모루 위에 쇠를 올려놓고 메로 두드리는 작업을 말한다. 담금질을 하면 철의 조직이 고르게 되어 질이 좋아지기 때문에 대장간에서 하는 가장 중요한 작업이라고 할 수 있다. 실제로 옛날에 강한 무기를 만드느냐 만들지 못하느냐는 담금질에서 결정됐다.

거푸집
쇳조각이 녹아 생긴 쇳물을 붓는 형틀이다. 농사에 필요한 낫, 호미, 곡괭이부터 창, 검 등 무기까지 용도에 따라 다양한 모양의 거푸집이 있다. 거푸집에 쇳물을 붓고 수 시간 기다리면 쇠가 굳는다.

화덕
대장간에서 가장 필요한 것으로 쇳조각을 넣고 녹이는 곳이다.

메
쇠를 두드리는 큰 망치.

모루
거푸집에서 굳은 쇠를 꺼내 두드리는 작업을 할 때 쓰는 받침대.

풀무질
불에 공기를 불어 넣어 불의 온도를 높여 주는 작업이다. 풀무질은 '풀무'라는 도구를 이용하기 때문에 붙여진 이름인데, 펌프의 피스톤 같은 기구가 달려 있어서 눌러 줄 때마다 바람이 나오게 되어 있다.

담금질을 하다가 찬물에 식히게 되면 철의 강도가 더 세진다.

95

철의 무한한 변신은 곧
　　　인류 문명의 발전이었다.

오늘날의 철 생산

앞에서도 이야기한 것처럼 철은 탄소 함유량에 따라 순철, 연철, 강철, 선철의 4종류가 있지만, 그 중에서도 강철이 가장 실용적이고 쓰임새가 많아요. 문제는 강철을 만들기가 어렵다는 것인데, 다행히 18세기 이후 제철 기술이 발달하면서 강철을 대량으로 만들 수 있게 되었어요. 오늘날의 철 제품은 대부분 강철로 만들어요. 이름도 강철보다는 '스틸(steel)', '철강'으로 주로 불리고 있지요.

그럼 철강은 어떻게 만들어질까요? 철강은 바로 만들어지는 게 아니라 먼저 선철을 만든 후 다시 더 높은 온도에서 선철을 녹여 만드는 과정이 필요해요. 우선 철광석을 녹여 철광석 중에 결합돼 있는 산소를 제거해서 선철을 만들어요. 그런 다음 선철을 다시 녹여 선철에 함유된 탄소를 제거해 철강을 만드는 거죠. 그렇기 때문에 철을 만드는 제철소에는 선철을 만드는 곳과 철강을 만드는 곳이 모두 있어야 해요. 그 과정을 자세히 살펴보면, 소결 공정, 제선 공정, 제강 공정, 주조, 단조, 압연 공정으로 나눌 수 있어요.

소결 공정
용광로에 철광석을 넣기 전에 철광석을 일정한 크기로 쪼개는 과정이다. 철광석을 빠른 시간 안에 골고루 녹이기 위해 거치는 과정이다.

제선 공정
잘려진 철광석 가루를 '고로'라고 불리는 높은 용광로에 넣어 녹여서 선철을 만드는 과정이다. 우리나라에는 현재 포항과 광양 두 군데에 이 고로가 있다.

제강 공정
제선 공정을 통해 만들어진 선철을 다시 녹여 철강을 만드는 과정이다. 이 과정은 쉬운 작업이 아닌데, 높은 온도에서 선철을 녹여 탄소를 제거한 철강을 만들어도 철강이 식는 동안 다시 구조가 바뀌어 선철이 되기 때문이다.

이 문제점을 해결하고자 1784년에 영국의 헨리코트는 반쯤 녹은 철강을 조각으로 나눈 후 두드려서 철강의 성질을 유지하게 하는 방법을 개발했다. 그러나 이 방법은 24시간 정도를 두드려야 하는 어려움 때문에 철강의 대량 생산은 엄두도 내지 못했다.

철강의 대량 생산이 이루어진 건 1954년 오스트리아의 린츠와 다나비츠의 두 공장에서 개발한 새로운 생산 방식이 생기면서부터이다. 이곳에서는 선철에 산소를 고압, 고속으로 뿌려 탄소뿐만 아니라 불순물까지도 한 번에 제거하는 방식을 취했는데, 이 방식대로 하면 철강을 만드는 데 30~40분이면 충분했다. 게다가 비용은 줄이면서도 질 좋은 철강을 만들 수 있어서 지금까지도 널리 쓰이고 있는 획기적인 방법이다.

철강을 만들었으면 이제 사용이 가능하게끔 철강의 모양을 바꾸어야 해요. 철강의 모양을 바꾸는 작업은 크게 주조, 단조, 압연의 세 가지 방법이 있어요.

주조
액체 철강을 그대로 틀 속에 부어 굳히는 공정이다. 주로 기계나 자동차 부품 혹은 선박 부품 같이 형태가 복잡한 것을 만들 때 이 방법을 쓴다.

복잡한 기계를 만들 때 틀을 사용하는 이유는, 생긴 모양이 너무 복잡해서 다른 방법으로 만들려면 시간도 오래 걸리고 어렵기 때문이다. 틀에 액체 철강을 부어 만드는 방법은 틀을 만드는 데에는 시간이 걸리지만 한 번 만들어 놓으면 빠른 시간에 대량 생산할 수 있다는 장점이 있다. 또한 크기나 모양이 일정한 제품이 만들어지기 때문에 똑같이 생긴 정교한 부품을 만들 때 많이 쓰인다.

단조
프레스로 철강을 누르거나 해머로 두드려서 굳히는 방법이다. 이 방법은 예전 대장간에서 담금질하던 방법을 현대식으로 바꾼 것으로, 가장 단단한 철강을 만들 수 있다는 장점이 있다.

프레스로 철강을 누르거나 해머로 연속적으로 두드리게 되면 철강은 강도가 세져서 단단하면서도 두께가 얇은 금속판이 된다. 이렇게 생산된 철강 제품은 재질이 치밀하고 단단하여 자동차나 선박, 철도 부품 등에 주로 쓰인다.

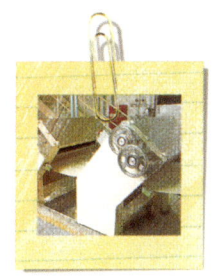

압연
회전하는 두 개의 둥근 롤 사이에 철강을 끼워 늘이거나 얇게 만드는 방법이다. 이 방법은 작업이 단순하면서도 활용도가 높기 때문에 오늘날 사용되는 거의 대부분의 철 제품은 이 방법을 통해 만들어진다.
기계 부품이나 볼트, 너트 같은 작은 공구에서부터 스프링, 피아노 선, 시계 부품이나 철도, 엘리베이터, 건축용 자재 등 대형의 철 제품까지 모두 압연 제품으로 만들어진다. 이밖에도 손톱깎이, 문구류, 사무 기기, 에어컨, 냉장고 케이블카의 와이어로프 등 우리 주변 대부분의 철 제품은 이 방식으로 만들어진다고 보면 된다.

오늘날의 철 제품은 대부분 철강을 주원료로 해요. 그러나 선철을 그대로 사용하는 경우도 있답니다. 선철은 철강보다 재질은 딱딱하면서도 잘 부러지는 단점을 가지고 있지만, 철강에 비해 가격이 싸고 잘 부식되지 않는 장점이 있지요. 그래서 상·하수도관이나 배수관, 펌프, 농기구처럼 정교할 필요는 없지만 양이 많아야 하고 물과 많이 닿는 제품을 만들 때에는 주로 선철을 이용해요. 선철은 틀 속에 부어 굳히는 방법으로만 제품을 만들어요.

이렇듯 철은 여러 단계를 거쳐야만 우리가 사용할 수 있어요. 하지만 오늘날에는 이 모든 과정이 기계화되고 전문화되어 가격은 싸면서도 질 좋은 철의 대량 생산이 가능해졌어요. 대량 생산된 철은 우리가 인식하던 인식하지 못하던 간에 현재 인류의 문명 발전에 원동력이 되었답니다.

 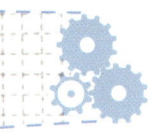

철은 국가 발전의 초석

철을 사용하게 되면서 인류 역사는 많은 발전을 거듭해 왔어요. 철제 도구를 만들어 사용함으로써 개개인의 생활은 풍요로워졌고, 눈부신 문명의 발전을 이룩할 수 있었지요.

철의 중요성은 오히려 현대 사회에서 더 커지고 있다.

인류가 오늘날과 같은 현대 문명의 꼴을 본격적으로 갖추기 시작한 것은 18세기, 영국에서 일어난 '산업혁명'이라는 공업화 개혁이 시작되고부터예요.

영국은 전 세계에서 가장 먼저 기계를 이용해 물건을 만드는 방식으로 산업 구조를 바꾸면서 세계 최고의 국가가 되었어요. 기계를 이용하면 손으로 물건을 만드는 것보다 더 좋은 물건을, 더 싼 가격에 대량으로 만들어 낼 수 있었지요. 영국은 대량 생산된 상품들을 팔아 단숨에 부자가 되었어요.

이처럼 산업혁명이 성공을 거두자 기계 생산이 많아졌고, 기계를 만드는 재료인 철의 수요도 당연히 늘었어요. 15세기 이후 철의 제련 기술이 발전하다가 18세기에 이르러 강철 제작이 가능해졌는데, 바로 그 기술이 기계 발명으로

산업혁명

기계의 눈부신 발명과 기계화로 요약되는 산업혁명은, 영국에서 일어난 방적 기계의 계량에서 시작되어 기차, 배 등 교통의 발달로 이어졌다. 1360~1840년 동안 유럽 여러 나라에서 계속 일어났다.

이어진 거예요. 영국은 철의 매장량이 풍부할 뿐만 아니라 세계에서 최초로 석탄으로 용광로의 온도를 높여 강철 제작에 성공한 나라이기도 해요. 다시 말해 영국은 뛰어난 제철 기술과 석탄을 바탕으로 공업화를 이룩할 수 있었고, 당시 세계 최고의 국가가 될 수 있었지요.

우리나라에서는 본격적인 경제 성장이 시작된 시기를 보통 1970년대로 잡는데, 이는 일관 제철소(쇳물에서 최종 철강 제품까지 모두 만들 수 있는 제철소)가 만들어진 시기와 일치해요.

제철소를 짓고 철을 생산하는 일은 산업화의 가장 기초 작업이라 할 수 있어요. 즉 철은 문명과 산업화의 씨앗이자 뿌리인 셈이에요. 일관 제철소에서 철광석을 녹이기 위한 고로를 만드는 데 최소 2~3조원 정도가 필요하대요. 이런 거액이 드는 데도 불구하고 산업화를 시작하는 나라들은 제철소를 짓기 위해 노력해요. 철 없이는 산업화가 불가능하기 때문이죠.

> **일관 제철소**
>
> 제선, 제강, 압연의 세 공정을 모두 갖춘 제철소를 말한다. 우리나라는 포항과 광양 제철소를 포함하여 2010년에 완공된 당진 제철소까지 총 3곳에 일관 제철소가 있다.

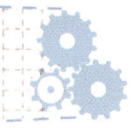

철강 산업의 발달 역사

제철은 1천 도가 넘는 고온을 장시간 유지해야 해요. 하지만 기술이 뒤떨어진 고대에서는 이 온도를 유지하기가 쉽지 않았지요. 용광로에 풀무를 사용해 손으로 누르거나 발로 밟아서 바람을 보내는 게 고작이었으니까요. 그러다 보니 실제 철의 생산량은 늘지가 않았어요.

수차의 보급은 이런 문제를 해결한 획기적인 방법이었어요. 수차의 동력을 이용하여 대량의 바람을 용광로에 불어 넣을 수 있었기 때문이지요. 따라서 철 생산량도 비약적으로 늘었어요.

수차의 이용과 제철

제철을 하려면 1천 도가 넘는 고온을 장시간 유지해야 한다. 하지만 기술이 뒤떨어졌던 예전에는 그 정도의 온도를 만들어 낼 수가 없었다. 그러다 11세기 경, 유럽에서 수차 이용이 급속히 확산되면서 제철도 비약적인 발전을 하게 된다. 수차의 힘을 이용하여 대량의 바람을 용광로에 불어넣을 수 있게 된 것이다.

다음으로 큰 변화를 일으킨 건 18세기예요. 이 시기 가장 먼저 철강 공업을 발전시킨 나라는 영국이었어요. **영국은 다른 유럽 나라들에 비해 제철 기술의 발달이 조금 늦었지만, 세계 최초로 석탄이 원료인 코크스로 철을 녹이는 기술을 성공시켰어요.** 이전까지는 모두 목탄으로 철을 녹였는데, 나무가 부족한 영국은 다른 나라보다 철 생산이 불리할 수밖에 없었지요. 이 단점을 코크스가 해결한 거예요. 연소할 때 발열량이 높은 코크스로 고온을 얻을 수 있는 데다 때마침 증기 기관이 발명되어 양질의 철을 싼값에 대량으로 생산할 수 있게 되었거든요.

철의 대량 생산이 가능해진 영국은 18세기부터 시작된 산업혁명을 성공으로 이끌 수 있었어요. 이후 100년 동안 세계 최고의 강국으로 발전했지요. '해가 지지 않는 나라', '세계의 공장' 등 영국을 지칭하는 별명이 나왔고, 영국은 세계에서 가장 영향력이 큰 국가로 군림했어요.

하지만 **19세기 말 이런 영국을 위협할 만한 국가가 나왔어요. 바로 독일이에요.** 독일은 14세기 이전까지만 해도 유럽의 중심 국가였으나 이후 나라가 분열되면서 힘을 잃어 가고 있었지요. 그런 독일을 통일하여 하나로 만든 인물이 비스마르크인데, 비스마르크는 통일 과정에서 '철혈 정책'을 내세웠어요. 여기서 철은 무기를, 혈은 전쟁을 의미해요. 즉 강력한 무기를 가지고 전쟁을 벌여 독일을 통일하겠다는 뜻인 거죠.

결국 철혈 정책이 성공하여 독일이 통일되자 독일은 놀라운 속도로 발전하기 시작했어요. 그동안 독일을 우습게 보았던 프랑스를 제압하더니 무기 생산과 군대를 늘려 힘을 키워 나갔지요. 그 결과 1차 세계 대전이 시작된 1914년 즈음, 독일은 세계 최강의 무기와

오토 폰 비스마르크 (1815~1898)

근세 독일의 정치가. 강력한 부국강병책을 써서 오스트리아, 프랑스 등과의 전쟁에서 승리하고, 독일을 통일하여 프로이센 제국을 건설하였다. "큰 문제는 연설이나 다수결이 아닌 '철'과 '피'를 통해 결정된다."는 연설 때문에 '철혈 재상'으로 불린다.

군대를 보유한 군사 대국으로 성장하게 돼요. 비록 전쟁에 패하긴 했지만 **독일이 1차 대전에 자신 있게 나설 수 있었던 것도 당시 독일이 세계 최고의 철강 생산국이자 무기 보유국이었기 때문이지요.** 이러한 자신감으로 독일은 1차 대전 패배 후 불과 20년 만에 2차 대전을 일으켜요. 그렇지만 2차 대전에서도 패하고 말았지요.

세계 최고의 철강 생산국이자 군사 대국으로 세계를 제패하는 듯 보였던 독일이 두 차례의 세계 대전에 모두 패하면서 그 힘을 잃게 된 것과 반대로 세계 대전을 치르면서 이득을 본 나라가 있어요. 바로 미국이지요. 미국은 두 차례의 세계 대전 모두 연합국의 일원으로 전쟁에 참전해 승리하여 이득을 챙길 수 있었어요.

사실 미국처럼 두 차례의 세계 대전 모두 승리한 나라는 영국, 프랑스 등 몇몇 나라가 더 있어요. 그런데 다른 유럽 국가들은 유럽 대륙이 전쟁터였기 때문에 공장 같은 산업 시설들이 대거 파괴되어 복구에 어려움을 겪었지요. 반면 **미국 대륙은 거의 피해가 없었어요. 뿐만 아니라 전쟁이 끝난 뒤 유럽의 경제 재건에 필요한 물자를 대량으로 수출하기까지 했어요. 그 주요 품목이 철강이었지요. 덕분에 미국은 세계 최고의 철강 생산국이 되었고, 세계 최강국으로 성장했어요.**

1960년대까지 미국의 철강 산업은 지속적으로 성장했고 미국은 정치, 경제, 군사, 문화 등 모든 분야에서 세계 모든 나라를 압도해요. 하지만 1970년대에 닥친 석유 파동으로 미국 경제는 위축되었고, 공교롭게도 철강 산업도 제철 시설들이 노후되기 시작하면서 미국의 철강 산업은 쇠퇴하기 시작했어요. 결국 미국은 철강 생산량이 줄어 다른 나라로부터 철강을 수입해야 하는 나라가 되지요.

그 사이 철강 산업의 주도권은 일본으로 넘어갔어요. 1960년대부터 급속한 경제 성장을 이룬 일본은, 불과 이십여 년만에 세계 철강 산업의 주도권을 잡았고, 결국은 미국을 제치고 세계 최고의 경제 대국으로 그 위치를 확고히 다져 나가요.

> 비스마르크의 철혈정책은 '철은 국력'이라는 말을 만들어 냈고, 부국강병을 내건 일본에 큰 영향을 주었다.

하지만 1990년대 들어 일본의 경제 성장이 둔화되자 철강 생산량도 감소하고 일본 경제도 위기를 맞게 되죠. 그 틈을 타고 철강 산업의 새로운 강자로 떠오른 곳이 우리나라예요. 우리나라는 국가의 지원과 풍부한 노동력을 바탕으로 세계 철강 산업의 주도권을 쥐게 되었고 선진국의 대열에 발을 내딛었어요. 그러나 갑자기 불어 닥친 IMF*는 우리나라 경제를 위축시켰고 철강 생산도 주춤하게 만들었지요.

그렇게 우리나라와 일본 등 아시아 대부분의 국가가 경제 위기를 맞았던 1990년대 중 후반, 새로운 철강 강국으로 급부상한 나라가 있어요. 다름 아닌 중국이에요. 개방화 정책으로 경제 개발에 나선 중국은 풍부한 자원과 값싼 노동력, 넓은 영토를 바탕으로 급속히 도시화가 진행되면서 철의 시대를 맞이하고 있어요. 그러면서 세계 철강 산업의 주도권을 빠른 시간 안에 거머쥐었지요.

많은 전문가들은 앞으로 중국이 세계 최고의 국가가 될 거라는 예측을 내놓고 있어요. 넓은 영토, 많은 인구, 풍부한 자원 등 이 모든 것을 중국이 세계 최고 국가로 성장할 가능성을 보여 주는 장점들로 보고 있답니다. 하지만 이러한 장점들은 이미 예전부터 갖고 있던 것이지 새롭게 바뀐 중국의 모습은 아니에요. 그런데도 예전에는 중국을 세계 최고 국가로 예상하지 않던 사람들이 오늘날 중국의 성장 가능성을 높게 보는 이유는 뭘까요? 거기에는 바로 철강 산업이 자리잡고 있어요. 중국이 세계 최고의 철강 생산국이 되었다는 얘기는, 전 세계에서 중국의 경제 개발이 가장 활발하게 진행된다는 뜻이니까요.

실제로 중국은 '신 철강 정책'을 내세워 철강 산업의 경쟁력을 높이는 데 집중하고 있어요. 오래된 시설을 교체하고 대규모 투자를 꾸준히 하는 등 경제 발전의 토대를 탄탄하게 다지고 있지요. 이를 바탕으로 1980년대 이후 중국은 연평균 9.6퍼센트라는 유례 없는 성장을 기록하고 있답니다.

또한 개방 정책의 일환으로 WTO에 가입하여 유럽과 미국의 앞선 기술과 자금을 대량으로 들여와 기술 수준도 하루가 다르게 발전하고 있어요. 이런 노력의 결과로 현재 중국은 세계적인 경제 대국으로 성장했지요.

이처럼 **철강 생산은 곧바로 경제 개발로 이어져요.** 철강 산업의 발전은 곧 국가 발전을 가져오고 철강 생산량이 당대 최고의 국가까지 결정하게 되는 거예요.

'철을 지배하는 나라가 세계를 지배한다!'는 말이 있어요. 철강 산업이 국가의 힘을 측정할 수 있는 도구이자 국가 발전을 위해 꼭 필요한 산업이라는 걸 단적으로 드러내는 말이지요.

IMF(International Monetary Fund 국제통화기금)

환율과 국제 수지를 감시함으로써 국제 금융 체계를 감독하는 것을 위임받은 국제기구이다. 여기서는 1997년 12월 3일, 우리나라가 외환 위기를 겪으며 IMF(국제통화기금)에 자금 지원 양해 각서를 체결한 사건을 말한다. 'IMF 경제위기', 'IMF 외환위기', 'IMF 관리체제', 'IMF 시대'라고 부르기도 한다. 당시 우리나라는 IMF가 요구하는 조건들을 수행해야 했는데, 이 과정에서 많은 기업들이 부도가 나는 등 경영 위기를 겪었고, 이로 인해 노동자들의 대량 해고와 경기 악화로 온 국민이 큰 어려움을 겪어야 했다. 그러나 금 모으기 운동 등 온 국민의 단합된 힘과 노력으로 2000년 12월 4일, IMF의 차관을 모두 갚음으로써 우리나라는 IMF 관리체제에서 벗어났다.

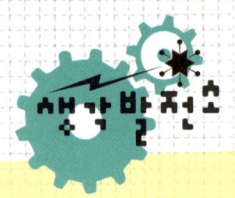

미국의 철강 산업을 이끌었던 철강 왕 카네기

오늘날 세계 최대의 강대국 하면 누구나 미국을 제일 먼저 떠올린다. 하지만 나라가 처음 세워질 당시만 해도 미국은 작은 농촌이 모여 있는 후진국에 불과했고, 유럽 경제에 의존해서 근근이 생활하던 특별하지 않은 나라였다. 그런데 1840년대부터 사정이 달라지기 시작하더니 1960년대는 국민 소득이 1830년대의 7배가 될 정도로 발전했다.

이처럼 미국이 빠른 시간에 비약적으로 발전한 데에는 무엇보다 산업 발전의 근간이라고 할 수 있는 풍부한 철과 그것을 이용할 수 있는 기술을 가장 큰 이유로 꼽을 수 있다.

'철강 왕' 카네기는 미국 경제가 본격적으로 발전을 시작했던 1800년대 중반, 미국의 철강 산업을 이끌었던 인물이다.

1835년에 스코틀랜드에서 태어난 카네기는, 1848년에 가족과 함께 미국으로 이주하여 생활했다. 13살 때부터 여러 직업에 종사했으며, 1865년에는 직접 철강 회사를 경영하기 시작한다. 미국의 발전이 가속화됨에 따라 철강 수요가 급증할 거라 예상했기 때문인데 이러한 카네기의 예상은 적중했다.

당시 미국은 본격적인 경제 발전을 시도하고 있던 때라 철도, 건설 등 국토 개발에 힘을 기울였고, 그만큼 많은 양의 철강이 필요했다. 철강 수요가 급증하자 카네기는 철강을 팔아 큰돈을 벌지만 여기서 만족하지 않았다.

1872년, 새로운 철강 공장을 세우고 영국에서 개발된 새로운 제철 공정을 도입했다. 이 공정대로 철강을 생산하면 철강 제조 비용은 많이 줄이면서도 질 좋은 철강을 생산할 수 있었다. 당연히 카네기가 세운 회사는 더 크게 번영했고, 미국 곳곳에 카네기 철강 공장이 세워지기 시작했다. 그리고 마침내 1889년에는 카네기 소유의 모든 공장과 회사가 '카네기 철강 회사'로 통합되었고, 이 회사는 미국의 철강 업계를 대표하게 된다.

카네기 철강 회사를 중심으로 미국의 철강 생산은 안정되었고, 미국은 이전보다 더 빠르게 발전해 나갔다. 그 결과 1890년대에는 미국의 철강 생산량이 당시 최고 선진국이었던 영국을 앞질렀으며, 1900년에는 영국 전체의 철강 생산량보다 많은 양의 철강을 생산하기에 이른다. 카네기 철강 회사는 세계 최고의 철강 회사로 이름을 날렸고, 카네기는 '철강 왕'이라는 별명을 얻게 되었다.

평소에도 "부자로 죽는다는 것은 부끄러운 일이다."라고 얘기했던 카네기는, 은퇴 후 자신의 전 재산을 털어 자선 사업에 몰두하여 미국과 영국에 총 3000개의 도서관을 지었으며 미국의 과학 발전을 위해 카네기 과학 연구원과 기술원을 설립했다. 뿐만 아니라 예술 극장인 카네기 홀을 지을 정도로 문화 예술에도 관심이 많았다. 1919년, 사망하면서 남은 전 재산을 사회에 환원하여 사회 복지 기금으로 쓰게 했다.

근대식 제철소가 만들어지다

유럽을 중심으로 산업혁명이 시작된 이후 철 제품이 많이 만들어지면서 철의 중요성과 필요성이 증가했어요. 철이 없으면 물건을 만드는 기계도, 만들어진 물건을 실어 나르는 기차와 배 등 교통수단도 만들 수 없다는 사실을 알게 되자, 강한 철의 대량 생산이야말로 국가 발전의 시작이라는 생각을 하게 됐지요. 영국, 독일, 미국 등 서양 국가들뿐만 아니라 아시아 최초로 근대화에 성공한 일본까지도 앞다투어 제철소를 건설했던 이유 역시 철 생산이 국가 발전의 출발점이라고 생각했기 때문이에요.

> **일본의 제철소**
>
> 일본의 근대화를 이끈 메이지 시대, 일본이 가장 주력했던 것은 제철소를 건설하는 일이었다. 근대화는 철이 없으면 시작될 수 없기 때문이다.

이렇듯 18세기에서 19세기에 걸쳐 선진국들이 철 생산과 산업화에 집중하던 때에 우리나라는 어땠을까요? 당시 조선시대였던 우리나라는 여전히 물건을 만들어 파는 직업을 하찮게 여기고 철에 대한 중요성도 인식하지 못하고 있었어요. 무기의 재료로 귀하게 여기기는 했지만, 무기 제작은 국가가 주도하고 있어서 일반 사람들이 철을 다루는 것은 제한되어 있었지요.

그러다 1876년 강화도 조약을 맺은 이후 다른 나라와 교역을 하게 되고 여러 선진국의 발전 모습을 알게 되면서 우리나라도 변화하기 시작했어요. 그 변화에 철이 빠질 수 없었죠. 당시만 해도 우리나라의 철 제품 생산은 거의 대부분 대장간에서 이루어졌어요. 물론 우리나라 대장장이들의 기술 수준은 상당히 높아서 견고하고 질 높은 철 제품이 만들어지고 있었지요. 하지만 일일이 손으로 쇳물을 붓고 철을 두드리면서 만드는 수작업 방식으로는 물건을 대량으로 만들어 낼 수가 없었어요.

수작업에서 벗어나 대량으로 철을 만들어 내려면 공장이 있어야 했지요. 이를 위한 노력 끝에 마침내 철의 대량 생산이 가능한 근대식 제철소를 세우게 됐어요. **1885년, 거문도에 세워진 거문도 제철소는** 비록 고철을 녹여 필요한 물건을 만드는 단순한 형태의 제철소였지만, 기계식 작업을 통해 농기구와 생활도구, 무기 등을 제작했던 **우리나라 최초의 근대식 제철소였어요.** 아쉽게도 지금은 그 실체가 남아 있지 않아 당시 찍은 사진을 통해 모습만 확인할 수 있답니다.

거문도 제철소

거문도 제철소를 시작으로 우리나라의 제철 산업은 발전하는 듯했지요. 하지만 그 꿈은 곧 깨지고 말았어요. 1910년에 우리나라가 일본의 식민지가 되면서 우리나라의 모든 자원은 일본의 것이 돼 버렸기 때문이에요.

이미 국내 산업화를 진행시키고 있던 **일본은 우리나라의 자원 중에서도 산업화의 기초 자원인 철에 욕심을 냈어요**. 우리나라에서 철의 원료인 철광석이 가장 많이 매장돼 있는 곳은 지금은 북한 땅인 황해도의 은율과 재령 일대예요.

일본은 1914년, 같은 황해도 지역인 송림에 송림 제철소(겸이포 제철소)를 세웠어요. 철광석을 녹이는 용광로 3기와 철광석을 녹여 만든 선철을 다시 강철로 만드는 제강기 3기를 갖추고 2500여 명의 직원을 거느린 **송림 제철소는, 일본이 우리나라에 처음 건설한 제철소로 지금까지도 북한에 남아 있어요**.

송림 제철소

송림 제철소를 시작으로 **일본은 우리나라 곳곳에 제철소를 세웠어요. 이는 우리나라의 발전을 위한 것이 아니라 모두 일본으로 철을 가져가기 위해 만든 것이었지요.** 제철소가 많이 세워질수록 우리나라의 자원은 그만큼 더 많이 일본에게 빼앗겼어요. 이러한 사실에 분노한 정인복이란 독립 운동가는, 1920년에 '겸이포 제철소 폭탄사건'을 일으켜요. 그만큼 일제 강점기에 건설된 제철소는 우리나라 사람들의 생활을 어렵고 고통스럽게 했어요.

겸이포 제철소 폭탄 사건

1920년에 정인복이 겸이포(지금의 황해북도 송림)제철소에 폭탄을 던진 사건이다. 겸이포 제철소는 노동자들에게 저임금에 혹독한 노동을 강요하고, 민족 차별이 심한 곳으로 악명 높은 공장이었다.

그렇지만 일본의 야욕은 꺾이지 않았어요. 오히려 1930년대 들어서는 만주와 중국을 차지하려고 전쟁을 준비하면서 제철소를 추가로 만들었어요. 우리나라를 전쟁을 위한 기지로 활용하면서 많은 무기를 만들고, 무기에 필요한 철을 확보하기 위한 속셈이었지요. 그런데 대부분의 제철소는 북한 지역에 세워졌어요. 철광석 산지와도 가깝고 전쟁터인 만주와도 가까워 신속하게 필요한 무기를 공급할 수 있었기 때문이죠.

이처럼 일제 강점기에 세워진 제철소는 우리나라의 의지로 만들어진 것이 아니라 일본의 필요에 따라 마구잡이로 지어진 것이라 독립하고 난 후에는 활용도가 많이 떨어졌어요. 특히 독립 후 남북한이 분단되자 남한 지역은 큰 어려움을 겪게 되었지요. 대부분의 제철소가 북한 지역에 있었기 때문에 남한 지역에서 사용할 수 있었던 제철소는 달랑 두 개뿐이었어요. 그런데 이마저도 6·25전쟁으로 막대한 피해를 입었지요.

제대로 된 제철소가 없는 상태에서 산업화와 국가 발전은 불가능했어요. 그러다 보니 1950년대 우리나라는 후진국이자 전쟁 피해국으로 남아 있었어요. 이런 상황에서 벗어나려면 무엇보다 제철소의 건설이 시급했는데, 1950년대 우리나라는 제철소를 지을 만한 기술도, 자본도 없었어요. 우리나라의 발전은 1960년대가 되어서야 가까스로 가능했지요.

경제 개발 계획과 포항 제철의 탄생

일제 강점기 시대 일본이 남한에 건설한 가장 큰 제철소는 강원도 삼척에 세워진 삼척 제철소였어요. 1945년, 일본의 식민지에서 벗어난 뒤 삼척 공장은 삼화 제철이라는 회사가 맡아 운영하였지만, 공장 기계를 돌리는 데 필요한 전력은 물론 원료, 기술자도 부족하여 1948년까지 제대로 가동하지 못했어요. 본격적인 가동을 위해 1949년에 보수 공사를 시작했으나 1950년, 6·25 전쟁이 발발하면서 또다시 어려움을 겪게 되었지요.

6·25전쟁이 끝난 직후 우리나라는 그야말로 나라 전체가 잿더미였어요. 전쟁으로 부모를 잃고 떠도는 수많은 고아들과 부랑아, 파괴된 건물들과 실업자로 한국 경제는 그야말로 바닥을 기고 있었지요. 다른 나라가 가져다주는 밀가루, 설탕 같은 보급품을 받아 생활해 나가는 배고픈 후진국이었지요. 당시 선진국들이 우리나라 경제가 일어서려면 못해도 100년은 걸릴 거라고 내다볼 정도였으니까요.

> **부대찌개**
>
> 6·25전쟁이 끝난 1950년대, 먹을 것조차 구하기 힘들었던 당시 우리나라 사람들은 미군 부대에서 버려진 핫도그나 햄, 소시지 같은 음식 찌꺼기를 모아다 얼큰하게 끓여서 먹었다. 부대에서 나온 음식이라 하여 '부대찌개'라고 한다.

우리나라는 이런 경제 상태를 극복하기 위해 1962년에 경제 개발 5개년 계획을 세웠어요. 이 계획은 후진국이며 농업 중심국인 우리나라를 공업화, 산업화하여 잘사는 나라로 만들기 위한 국토 개발 프로그램이었지요. 이 계획이 제대로 수행되기 위해서는 무엇보다 철을 생산하는 것이 급선무였어요. 공장을 짓고 기계를 돌리려면 그 재료인 철이 있어야 하니까요.

일단 정부는 지원금을 통해 가동을 멈춘 삼화 제철의 삼척 공장을 보수하여 1959년부터 재가동할 수 있게 했어요. 1960년대에는 삼화 제철 이외에도 10여 개의 소규모 공장이 만들어져 철을 생산해 냈지요. 하지만 그 공장들은 모두 고철, 즉 못 쓰게 된 철 제품을 다시 녹여 사용 가능한 철로 만드는 공장이었어요. 고로에서 철광석을 녹여 선철로 만드는 작업은 삼화 제철소에서만 가능했어요. 그런 면에서 본다면 1960년대에 있었던 진정한 제철소는 삼화 제철소의 삼척 공장 하나뿐이었다고 할 수 있어요.

삼척 공장
삼척 공장은 1971년에 가동을 멈추었는데, 현재는 남한 최초의 제철소 고로로 인정받아 등록 문화재 217호로 지정되었다.

삼화 제철소의 고로 덕에 필요한 양의 철 생산이 이루어지자 1960년대 경제 개발은 순조롭게 이루어졌어요. 하지만 생산되는 철의 양이 많지 않아 주로 경공업(가방, 옷, 신발 등 일상 생활용품을 만드는 공업) 위주로 발전했지요. 그러면서 가발, 옷, 신발 등 수출할 수 있는 것은 모두 수출하여 경제 성장을 도모했어요.

하지만 경공업 위주의 경제 발전은 한계가 있었어요. 그래서 정부는 1972년 제3차 경제 개발 5개년 계획부터는 중화학 공업의 발전을 목표로 삼았지요. 그런데 중화학 공업이 발전하려면 대량의 철이 있어야 했어요. 그러려면 또 다른 제철소가 필요했지요. 게다가 삼화 제철소는 일본이 만든 것이니 우리나라 스스로 제철소를 만들어야 한다는 주장도 나왔어요.

이런 시대적 요구를 받아들여 만들어진 것이 포항 제철(포스코)이에요.

자동차, 선박, 건설 등 중화학 공업의 발전을 위해 1968년에 포항 종합 제철 회사가 만들어지고, 1970년에 제철소 건설 공사에 돌입했지요. 3년여의 긴 공사 끝에 1973년에 103만톤 규모의 포항 제철 1기 설비가 준공되었어요. 이로써 철의 생산량도 많아졌고 우리나라의 경제 개발은 빠른 속도로 진행되었답니다. 우리나라의 자동차, 석유화학, 조선, 건설업 발전의 기반은 모두 이때 완성되었다고 할 수 있어요.

　1980년대 들어 포항 제철은 4기 설비까지 준공하여 850만 톤 규모의 생산 체계를 갖추게 돼요. 하지만 **자동차, 조선, 건설 분야에서 철강의 수요가 급증하자 또 다른 대규모 제철소가 필요했지요. 그래서 만들어진 게 광양 제철소예요.**

　특히 광양 제철소는 건설 과정에서 되도록 외국 기술의 개입을 줄이고 우리나라의 기술력과 경험이 투입됐다는 점에서 그 의의가 커요. 처음 포항 제철소를 만들 때에만 해도 대규모의 고로를 갖춘 제철소 건설 경험이 없던 터라 하나부터 열까지 외국의 도움을 받을 수밖에 없었어요. 하지만 광양 제철소가 건설되기 시작한 1985년에는 우리나라의 건설 기술 또한 뛰어났고, 10년 넘게 제철소를 운영하며 쌓은 경험이 있어서 외국의 도움을 최소화할 수 있었지요.

　포항 제철소와 광양 제철소는 철광석을 녹여 선철을 만든 후 철강을 생산해 내는 공장이에요. 그런데 이와 달리 고철이나 제작된 선철을 사들인 후 다시 녹여 철강으로 재생산하는 공장들도 있어요. 이런 회사를 제강 회사라고 하는데, 경제 개발 5개년 계획이 성공적으로 진행되면서 제강 회사의 생산 규모와 기술력 또한 성장하여 1980년대 우리나라는 눈부신 발전을 하게 돼요.

　유럽이나 다른 선진국들이 수십, 수백 년만에 이룩한 것을 전쟁의 폐허를 딛고 단 50년만에 이룩한 한국의 경제 성장! 이를 두고 외국 사람들은 '한강의 기적'이라고 일컬어요.

　이처럼 기적적인 발전이 이루어질 수 있었던 건 제철소의 건설을 통해 꾸준히 철 생산량을 늘려 나간 덕분이에요. 철 생산량이 늘면서 다양한 철 제품 생산 기술도 발전하여 철강을 비롯한 조선, 자동차 등을 수출할 수 있게 된 것이지요. 그래서 경제 발전을 하려는 나라는 가장 먼저 철 생산에 주력하는 거예요. 철 생산 능력이 경제 개발의 성패를 좌우할 만큼 중요하다는 걸 알고 있으니까요.

　이렇게 철강 산업이 여러 산업 발전에 중요한 역할을 하다 보니 2007년 우리나라 제조업 산업 투자 비율을 봤을 때 제조업 중 철강 산업의 투자가 두 번째로 많은 것으로 나타났어요. 2006년의 경우 우리나라의 총 수출액 가운데 철강 수출이 차지하는 비율은 5.0퍼센트로, 금액으로 보면 185억 5500만 달러에 이르러요. 하지만 이 수치는 순수한 철강재 수출만을 측정한 것으로, 우리나라의 대표 수출 품목인 자동차, 조선 등에 들어간 철강의 양까지 계산하게 되면 그 비율은 훨씬 더 증가하게 되지요. 또한 2006년 기준 철강 산업에 종사하는 근로자 수는 7만 2천 명으로 제조업 근로자 가운데 2.5퍼센트를 차지했어요.

　이처럼 철강 산업은 국내 투자, 수출뿐만 아니라 일자리를 늘리는 데에서도 큰 역할을 하고 있어요. 그만큼 철강 산업이 경제 발전에 중요한 역할을 하고 있다는 거예요.

세계적 수준으로 도약한 우리나라 철강 산업

2000년 6월 9일, 공식 기념일로 '철의 날'이 새롭게 제정되었어요. 정부의 적극적인 지원과 여러 회사의 노력으로 짧은 시간에 급성장한 철강 산업이 우리나라의 경제 성장을 이끌었다는 점을 기념하기 위해서였죠. 그런데 왜 많은 날짜 가운데 6월 9일을 기념일로 삼았을까요? 그것은 포항 제철소가 완공되고 처음으로 고로에서 쇳물이 나오게 된 날이 1973년 6월 9일이었기 때문이에요.

다른 선진국들이 이미 제1차 세계 대전 이전에 고로를 개발해 철 생산에 나섰던 것에 비하면 우리나라의 철강 산업은 상당히 늦은 편이에요. 그러나 철 생산이 경제 개발 계획과 동시에 이루어지면서 국내의 철강 수요가 급속히 증가함에 따라 철강 산업은 무서울 정도로 빠르게 성장했지요. 1970년대와 1980년대를 거쳐 포항과 광양에 대규모의 제철소를 건설하면서 철의 대량 생산에 성공한 우리나라는 1990년대 들어 세계의 주목을 받으며 철강 업계의 새로운 강자로 떠올랐어요.

하지만 우리나라 철강 산업에도 위기가 찾아왔어요. IMF가 터지면서 국내 투자와 개발이 위축되자 철강이 많이 필요 없게 됐지요. 1990년대 철강 생산량을 늘려 놓은 상태에서 갑자기 철강 수요가 줄어들자 철강 업계는 큰 어려움을 겪었어요. 거기에다 해외에서는 중국이 풍부한 자원과 값싼 노동력을 앞세워 값이 싼 철강을 내놓아 우리나라의 철강이 예전보다 적게 팔렸어요. 이렇게 국내외 할 것 없이 철강 수요가 줄면서 생산해 놓은 철강마저 팔리지 않게 되자 더 이상 철강 산업의 성장을 기대할 수 없다는 비관적인 얘기까지 나왔지요.

그러나 다행히 2002년부터 상황이 다시 나아지기 시작했어요. 중국을 비롯한 여러 개발도상국들이 경제 개발에 나서면서 세계적으로 철강 수요가 급증하기 시작했거든요. 국내에서도 IMF의 충격에서 어느 정도 벗어나게 되면서 투자와 개발이 곳곳에서 이루어지면서 다시 철강을 필요로 하는 곳이 많아졌고요. 그 결과 2002년 한해에만 4539만 톤의 철강이 생산되었는데, 이는 1959년에 처음으로 우리나라 스스로 철강을 생산하던 때와 비교해 볼 때 350배에 달하는 놀라운 성장이에요.

2006년에는 철강 쇳물 생산량이 총 8억 톤을 넘어섰는데, 이 수치는 서울과 부산을 무려 4386회 왕복할 수 있는 철도 레일을 만들거나, 혹은 자동차 96억 대를 생산할 때 소비되는 철강과 같은 양이에요.

이렇듯 우리나라의 철강 산업은 짧은 역사에도 불구하고 국가의 지원과 효율적인 투자 덕분에 빠른 성장을 이루어 현재 전 세계에서 인정받는 철강 강국이 되었어요.

하지만 최근 들어 우리나라 철강 산업의 발전이 둔화되고 있어요. 세계 철강 시장의 증가율이 2.6퍼센트에 달했던 1995~2000년 사이 우리나라 철강 시장은 3.2퍼센트가 증가하여 세계 시장 증가율을 앞질렀어요. 반면 2000~2007년, 세계 철강 시장이 연평균 6.7퍼센트 증가할 시기, 우리나라의 철강 시장은 2.3퍼센트 증가하는데 그쳤지요. 그 결과 다음 표에서 확인할 수 있듯이 세계 6위의 철강 생산국이라고는 하지만 1위인 중국과는 큰 격차를 보이고 있어요.

또한 중국, 일본뿐만 아니라 인도에게도 뒤지고 있지요.

국가별 철강 생산 규모 (2007년 기준)

순위	나라	생산규모
1위	중국	4억 8920만톤
2위	일본	1억 2020만톤
3위	미국	9820만톤
4위	러시아	7240만톤
5위	인도	5310만톤
6위	한국	5150만톤
7위	독일	4860만톤
8위	우크라이나	4280만톤
9위	브라질	3380만톤
10위	이탈리아	3150만톤

게다가 우리나라는 철의 원료인 철광석을 전량 수입에 의존하고 있어요. 우리나라에도 철광석이 안 나는 건 아니지만 철광석 산지의 거의 대부분이 북한 지역에 치우쳐 있어서 현재로서는 방법이 없어요. 그런데 철의 원료인 철광석을 전량 수입하다 보니 철광석 가격이 비싸지면 우리나라의 철강 산업은 바로 타격을 입게 돼요. 실제로 2000년대 들어 철광석 가격이 급격히 상승하고 있어요. 2001년도만 하더라도 약 20억 달러였던 철광석 수입 가격이 2008년도에는 95억 달러로 증가했으니까요. 국제 철광석 거래 가격이 5배 가까이 올랐기 때문이죠.

반면, 중국이나 인도는 철광석 양이 풍부하여 2007년도에 중국은

6억 톤, 인도는 1억 6천 톤의 철광석을 생산했어요. 2007년에 세계 철광석의 총 생산량이 19억 톤이었으니, 중국의 생산량은 전 세계 생산량의 31.6퍼센트에 달하는 어마어마한 양이에요. 또한 브라질, 러시아, 우크라이나도 세계적인 철광석 산지를 갖고 있기 때문에 철강 생산을 많이 할 수 있는 나라들이에요. 다시 말해서 이들 나라는 우리보다 싼 가격의 철강 제품을 만들어 팔 수 있다는 것이죠. 그렇게 되면 가격 경쟁에서 우리나라가 불리할 수밖에 없어요.

또한 철을 생산하기 위해서는 고로의 온도를 높이기 위한 연료인 코크스가 필요한데 우리나라는 코크스 역시 전량 수입에 의존하고 있어요.

그러나 크게 염려하지 마세요. 이런 불리함 속에서도 아직까지 우리나라는 세계 6위라는 세계적인 철강 강국의 위치를 굳건히 지키고 있으니까요. 우리의 노력과 능력이 얼마나 대단한 것인가를 보여 주는 예라 할 수 있지요. 뿐만 아니라 지금 우리나라의 철강 회사들은 포스코를 중심으로 연료를 재활용하는 방법, 태양열을 이용한 새로운 에너지 확보 작업 등 위기를 극복하고 새롭게 발전하기 위한 연구를 꾸준히 진행하고 실천하고 있답니다.

Chapter 5
철이 역사를 바꾸다

철로 이룩한 위대한 문명.
문명을 파괴하는 철의 무자비함.
철의 두 얼굴은 결국 우리 인간의 얼굴이다.

전쟁의 확대

철이 사용되기 이전 인류가 만든 무기는 전쟁을 하기 위한 것이 아니라 주로 동물을 사냥하기 위한 것이었어요. 물론 청동기 시대에는 강한 무기가 등장하여 부족 간의 전쟁이 일어나기도 하고, 국가와 신분이 생겨나기도 했지만, 그 수가 많지 않았고 일부 지배층만 사용하

너희는 내 적수가 되지 못한다. 좋은 말로 할때 순순히 물러가라!

다 보니 전쟁의 규모도 그다지 크지 않았지요.

그러나 철기가 보급되면서 전쟁의 양상은 완전히 달라졌어요. 다양하고 잔인한 무기가 대량으로 만들어졌고, 철로 만든 등자가 사용되면서 전쟁 중에 말을 타고 달리는 기병이 등장했어요. 기병의 등장은 전쟁에서 싸움의 형태를 더 빠르고 더 잔인하게 만들었고 전쟁의 피해 지역도 그만큼 넓어졌어요. 또한 철은 청동기와 달리 원료도 풍부하고 대량 생산이 가능해서 지배층뿐만이 아니라 일반 병사들도 철제 무기를 사용할 수 있었어요. 이것 역시 전쟁의 규모가 커지게 되는 요인이었지요.

철을 사용하면서 전쟁은 갈수록 커지고 잔인해졌다.

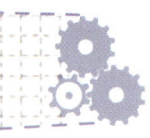

알자스 · 로렌 지방

철의 유용성은 이미 오래전부터 알려져 있었지만 산업혁명이 전 유럽으로 확대되면서 그 중요성은 더욱 커졌어요. 당시에는 기계를 많이 가지고 있는 나라가 선진국이었으니 너도나도 기계의 원료인 철을 확보하려고 혈안이 됐지요. 당연히 철이 많이 매장되어 있는 지역은 분쟁 지역이 되었어요. 그 대표적인 지역이 알자스 · 로렌 지방이에요.

알자스 · 로렌 지방은 프랑스와 독일의 경계에 있는 지역이에요. 산업혁명 이전에도 이 지역은 두 나라의 분쟁이 끊이지 않았는데, 철의 중요성이 커지면서 더 복잡한 싸움이 벌어졌어요.

알자스 · 로렌 지방을 둘러싼 프랑스와 독일의 분쟁이 시작된 것은 '30년 전쟁' 때부터였어요. 당시 알자스 · 로렌 지방은 독일 땅이었지요. 30년 전쟁은 1618년에 독일 내에서 종교 때문에 벌어진 전쟁으로, 종교 전쟁* 가운데 가장 치열하고 오랫동안 계속된 전쟁으로 유명해요. 당시 독일은 통일된 나라를 이루지 못하고 300개 정도로 쪼개져 있었는데 각 지역마다 제후가 왕처럼 군림하고 있었지요. 그런데 그 제후 중에는 교황의 권위를 인정하는 가톨릭(우리나라의 성당)을 믿는 사람도 있었고 교황을 인정하지 않는 신교(우리나라의 교회)를 믿는 사람도 있었어요.

그런데 이렇게 종교가 다른 제후들끼리 벌어진 싸움에 독일 사람들뿐만 아니라 유럽의 다른 나라들까지도 가담해서 싸웠어요. 특히 프랑스는 독일 바로 옆에 있는 나라로, 전쟁에 가장 많이 개입했어요. 다른 나라의 전쟁에 왜 개입하느냐고요? 그거야 뻔하죠. 자신이 도와준 세력이 이길 경우 이익을 챙길 수 있었으니까요.

결국 전쟁은 프랑스가 지지했던 세력의 승리로 끝이 났고, 프랑스는 지지해 준 대가로 땅을 얻어 갔어요. 그 땅이 바로 알자스·로렌 지방이었지요. 이후 알자스·로렌 지방은 프랑스의 소유가 되었고 프랑스의 땅이 되는 듯했어요.

그러나 알자스·로렌 지방이 프랑스 땅이 된지 200년 정도 지났을 무렵 여전히 분열된 채로 남아 있던 독일이 비스마르크에 의해 통일되기 시작했어요. 비스마르크는 일명 '철혈 정책'을 내세워 독일 통일에 앞장섰어요. 결국 강한 무기를 만들고 군대를 조직해 독일 통일에 성공한 비스마르크는 프랑스와의 전쟁에서도 승리하여 200년 전 빼앗겼던 알자스·로렌 지방을 독일 땅으로 만들었어요. 이전까지 알자스·로렌 지방은 단지 프랑스와 국경을 맞닿고 있는 지역에 불과했을지 모르지만, 통일을 이루고 영국처럼 산업혁명을 해야 하는 독일에게 알자스·로렌 지방은 절대 양보할 수 없는 철 산지였지요.

하지만 이 점은 프랑스한테도 마찬가지였어요. 더구나 프랑스는 독일보다 먼저 산업혁명을 시작했기 때문에 알자스·로렌 지방은 절대 빼앗겨서는 안 되는 지역이었지요. 이제 알자스·로렌 지방은 두 나라의 자존심을 넘어 국가의 경제 발전이 걸린 중요한 지역이 되어 버렸어요.

이런 이유로 프랑스는 호시탐탐 알자스·로렌 지방을 노렸어요. 그러다 마침내 기회가 왔지요. 독일이 1차 세계 대전에서 패한 거예요. 5년여에 걸친 1차 세계 대전 결과, 독일과 독일의 동맹국(오스트리아, 불가리아, 오스만제국-지금의 터키)이 패배하자 프랑스 등 연합국은 프랑스의 궁전인 베르사유 궁전에 모여 전쟁 배상 문제를 논의하게 돼요. 이곳에서 프랑스는 알자스·로렌 지방을 요구했고, 결국 **독일 땅이 된 지 100여 년 만에 알자스·로렌 지방은 다시 프랑스 땅이 돼요.**

독일에게 이 사건은 치명적이었어요. 특히 알자스·로렌 지방 옆에 있는 독일의 루르 지방은 세계적인 석탄 산지로 유명해요. 알자스·로렌이 독일 땅이라면 이 지역의 철과 루르 지방의 석탄을 이용하여 독일은 세계 최고의 공업 강국이 될 수 있었죠. 이 사실을 알고 있었던 히틀러는 **2차 세계 대전이 시작되자마자 제일 먼저 알자스·로렌 지방을 점령하고 독일 땅으로 만들어 버렸어요.** 알자스·로렌 지방이 프랑스 소유가 된 지 20년 만이었죠. 그러나 2차 대전이 또다시 독일의 패배로 끝이 나자 **프랑스는 알자스·로렌 지방을 다시 자기 땅으로 만들었고, 현재까지 프랑스 소유로 남아 있어요.**

이처럼 알자스·로렌 지방은 프랑스와 독일의 경계선에 있다는 사실 말고도 철이 풍부하게 매장되어 있다는 이유로 끊임없는 전쟁과 침략에 시달려야만 했어요. 그래서 알자스·로렌 사람들에게 어느 나라 사람이냐고 물어보면 이렇게 대답한대요.

"우리는 어느 나라 사람도 아닌 알자스·로렌 사람이에요."

종교 전쟁

루터의 종교 개혁 이후 유럽에서는 교황의 권위에 반대하는 새로운 종교들이 등장했다. 하지만 교황청은 이를 인정하지 않았고 새로운 종교를 믿지 못하게 했다. 그러나 유럽의 많은 사람들은 그 새로운 종교를 믿고 싶어 했다. 결국 새로운 종교를 믿는 사람들과 교황청을 지지하는 사람들 사이에 전쟁이 벌어지게 되었는데, 이를 종교 전쟁이라고 한다. 대표적인 종교 전쟁으로는 프랑스의 위그노 전쟁, 네덜란드의 독립 전쟁, 독일의 30년 전쟁이 있다. 이 가운데 30년 전쟁이 가장 치열했는데, 전쟁 결과 새로운 종교 세력이 승리하였고 이후 개인의 종교적 자유가 허용되었다.

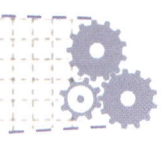

새로운 무기의 등장

처음 철을 사용하면서 새로운 철제 무기가 등장하고 전쟁의 양상이 바뀌었듯이 철은 전쟁에 매우 큰 영향을 끼쳤어요. 하지만 산업혁명 이후 철제 무기는 더 다양해지고 수량도 훨씬 더 많아졌어요. 철의 대량 생산이 가능해졌기 때문이지요.

인류 역사를 통틀어 가장 큰 전쟁이라고 하면 두 차례의 세계 대전을 꼽을 수 있어요. 세계 많은 나라들을 전쟁으로 몰아넣고 피해를 준 비극적인 전쟁이었지요. 세계 대전의 또 다른 비극은 전쟁에 참전한 국가가 많다는 것뿐만 아니라 이전까지 없었던 신 무기가 만들어지고 그 때문에 상상할 수 없을 정도로 많은 희생자가 나왔다는 거예요.

그 새로운 무기 중에서 가장 유명한 게 '탱크'예요.

탱크는 특히 차체 전부가 철로 만들어지기 때문에 제철 기술의 발달이 가져온 신 무기라고 할 수 있어요.

탱크가 등장했던 건 '참호' 때문이었어요. 참호는 군인들이 전투 중에 안전을 확보하기 위해 땅을 파고 만들어 놓은 구덩이인데, 이것 때문에 한 가지 문제가 발생했어요. 전쟁 중에는 서로 싸우다가도 적진까지 진격하기도 하고 무기를 공급하

> **참호**
>
> 사람 키 높이에 두 세 명이 거뜬히 뛰어다닐 정도의 폭으로 땅을 파서 만들었다. 참호는 교전 중에 몸을 숨기는 것은 물론이고 무기 등 필요한 물건을 운반하기에도 안성맞춤이었다.

기 위해 차가 이동하기도 하는데 여기 저기 땅을 파 놓으니 그러기가 쉽지 않았지요. 그렇다고 참호를 포기할 수도 없으니 참호 위를 지나갈 수 있는 새로운 이동 수단이 필요했어요. 그래서 탄생한 것이 바로 탱크였어요.

탱크는 주로 농촌에서 무거운 짐이나 농기계를 끄는 특수한 형태의 자동차였던 트랙터에서 아이디어를 얻어 만들어졌어요. 탱크는 일반 차들과 달리 바퀴가 아닌 체인으로 이동하기 때문에 참호에 빠지거나 하지 않고 그 위를 가뿐히 지나갔어요.

뿐만 아니라 차체가 전부 철로 만들어져 있어서 적의 총포 공격에도 강

> **탱크**
>
> 전쟁 중에 사용하는 차라는 의미인 '전차'라고 불러야 맞다. 그런데 탱크라고 부르는 건 전차를 처음 발명한 영국이, 적국인 독일을 속이기 위해 전차라는 이름 대신 '깨끗한 물을 담아 전선에 보내 주기 위한 물탱크'라는 이름으로 화물 목록에 기록했기 때문이다.

했어요. 뿐만 아니라 프랑스의 르노가 만든 '르노 전차'는 위에 회전하는 주포를 달고 있어 앞뒤 좌우의 적을 무차별적으로 공격할 수도 있는 무서운 무기였어요.

탱크와 더불어 새로이 등장한 또 하나의 무기로 잠수함을 들 수 있어요. 잠수함은 1900년대 초반부터 여러 나라에서 개발되기 시작했지만, 본격적으로 등장한 것은 1차 세계 대전 당시 독일에 의해서였어요. 당시의 독일은 전 세계에서 가장 많은 무기와 세계 최강의 군대를 보유한 국가였어요. 문제는 해군이었지요. 해군력만 따져 보면 영국이 더 앞서고 있었거든요. 영국의 해군은 17세기부터

세계 최고를 자랑할 정도로 막강했어요. 한때 유럽을 제패했던 나폴레옹도 영국 해군에게 패해 영국을 지배하는 데 실패했을 정도니까요.

결국 독일이 최종적으로 승리하기 위해선 영국 해군을 물리쳐야만 했어요. 하지만 200년 넘게 세계 최강을 유지해 온 영국 해군을 단숨에 뛰어넘는 게 말처럼 쉬울 리가 없었지요. 그래서 개발한 게 잠수함이에요. 여러 나라에서 이미 잠수함에 대한 연구가 있긴 했지만 실제로 전쟁에 동원된 적은 단 한 번도 없었어요. 그 어떤 나라도 검증되지 않은 잠수함을 선뜻 띄우는 모험을 하려고 하지 않았던 거죠. 독일은 이 점을 역으로 이용했어요.

독일은 잠수함 U-9으로 영국 군함 세 척을 격침시켰어요. 영국으로서는 충격이자 치욕이었지요. 잠수함의 승리는 독일 입장에서도 놀랄만한 성과였어요. 당시 독일의 황제였던 빌헬름 2세는 U-9 승무원들에게 직접 훈장까지 달아주었어요. 이렇게 잠수함 작전이 성공하자 독일 해군은 더더욱 잠수함에 의한 공격을 강화시켜 나갔어요.

U-9 잠수함

하지만 문제가 발생했어요. 당시에는 레이더나 위성 기술이 없었던 때라 바다 위를 떠가는 배가 아군인지 적군인지 혹은 군함인지 민간 상선인지 알아내는 게 쉽지 않았어요. 결국 독일 잠수함이 미국의 상선을 공격하는 사건이 벌어지고 말아요. 당시 미국은 전쟁에 참전하지 않은 중립국이었어요. 미국은 또다시 이런 일이 일어난다면 독일을 공격하겠다고 경고했고 독일은 고민에 빠졌어요. 만약 미국이 전쟁에 참전하여 연합군에 가담할 경우 불리한 상황에 놓일 수밖에 없었으니까요. 그렇다고 잠수함 작전을 중단하자니 영국 해군을 물리칠 방법이 없어지죠.

이에 독일은 '무제한 잠수함전'을 펴게 돼요. 말 그대로 군함이건 상선이건 적군이건 중립국이건 무조건 공격할테니 피해를 당하지 않으려면 지나가지 말라는 경고이자 잠수함에 의한 전쟁을 포기하지 않겠다는 선언이었지요. 잠수함전 결과 미국의 배가 또다시 공격을 받게 됐고, 미국은 독일에게 선전포고를 하고는 1차 세계 대전에 참전하게 돼요. 결국 독일은 패전국이 되고 말았죠.

1차 세계 대전에서의 패배로 독일은 무너진 듯했어요. 하지만 20여 년만에 히틀러의 등장과 함께 세계적인 강국이 되면서 다시 전쟁을 일으켜요. 바로 2차 세계 대전이에요. 이때에도 독일 해군은 잠수함에 의존했어요. 1차 세계 대전 패배 이후 독일의 전함은 모두 파괴되다시피 해서 전투에 적합한 군함이 많지 않았어요. 반면 잠수함을 제작하는 기술은 건재했기 때문에 전투에 적합한 잠수함을 만들어 전쟁에 투입했지요.

> ### 유보트를 잡아라!
>
> 유보트의 활약이 두드러지자 각 나라들은 기술력을 총 동원하여 유보트를 잡는 데 주력했다. 소리를 이용해 잠수함의 위치를 찾아내는 아스딕(소나라고 부른다), 위치가 드러난 잠수함을 공격하는 폭뢰(헷지호그) 등이 이때 개발됐다.

독일식 잠수함은 바다 밑 선박이란 뜻인 'Under sea boot'의 약자를 써서 유보트(U-boot)라고 불렀어요. 유보트는 전투력을 우선으로 하여 설계, 제작되다 보니 선체가 굉장히 좁았어요. 유보트 안의 통로는 한 사람이 몸을 숙이고 겨우 지나갈 정도로 좁아 승무원들이 생활하기에는 굉장히 불편했다고 해요.

유보트는 전쟁 초기에는 큰 활약을 했어요. 하지만 유보트를 잡기 위한 다른 나라의 기술력이 발전하면서 점차 그 활약이 줄어들었어요. 결국 독일은 2차 세계 대전에서도 패전국이 되었지요.

탱크와 잠수함은 철의 대량 생산과 제철 기술의 발달이 없었다면 만들어질 수 없었던 무기예요. 이 밖에도 기관총, 대포와 포탄, 로켓 등 수많은 무기가 개량되고 만들어졌어요. 이러한 무기들은 인류가 철을 발견하고 사용하기 시작한 이래 급속한 발전을 이룩한 새로운 발명품으로 볼 수 있어요. 하지만 불행히도 이런 신무기들은 파괴와 살인을 목적으로 만들어졌고, 실제로 수많은 사람들을 죽음으로 내몰았어요. 두 차례의 세계 대전은 전쟁 참여 국가, 전쟁 발생 지역, 피해 금액, 사상자 수 모두에서 이전까지의 전쟁과는 차원이 달랐으니까요. 그 피해도 어마어마했지요.

이처럼 철은 문명을 이룩하고 발달하게 한 일등 공신이지만, 반면 무시무시한 파괴의 도구로 바뀔 수 있음을 두 차례의 전쟁은 말해 줘요. 자연이 인류에게 준 커다란 선물, 철. 그러나 그것이 독이 될지 밝은 미래가 될지는 순전히 우리들 손에 달려 있어요.

영화「특전 유보트」

1981년에 만들어진 영화로, 전쟁에 대해 아무 것도 모르는 독일의 청년들이 잠수함 유보트를 타고 2차 세계 대전에 참여하게 되면서 겪는 전쟁의 아픔과 실상을 다루고 있다. 우리나라에서는 생소한 독일 영화이지만, 당시「특전 유보트」가 개봉된다는 소식만으로도 세계가 떠들썩했다고 한다. 이전까지 모든 영화에서 독일군은 악랄하고 잔인한 적군으로 묘사되었다. 그런데 그런 독일군이 주인공인 영화가 나온다니, 그 사실 만으로도 놀랄만한 일이었던 것이다. 영화 속에서 독일군은 잔인한 악당이기보다는 전쟁 때문에 상처 입고 슬퍼하는 나약한 인간으로 그려졌다.

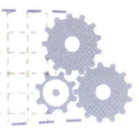

철의 전쟁이 다시 시작되다

문명이 탄생하고 발전하는 과정에서 누가 역사의 주인공이 되느냐는 누가 더 훌륭한 도구를 가지고 있는가에 달려 있어요.

더 날카롭고 사용하기 쉬운 돌 무기를 갖고 있는 부족이 먹을 것을 얻을 수 있었던 석기 시대, 남들보다 먼저 청동기 무기를 가진 부족이 다른 부족을 지배하며 높은 신분을 획득했던 청동기 시대, 강한 철제 무기를 가진 민족이 다른 민족들을 지배했던 철기 시대에 이르기까지 예로부터 많은 민족들은 강한 도구를 만들고자 노력했어요. 시대를 대표하는 무기를 지닌 민족이 역사의 주도권을 잡을 수 있었으니까요. 우리나라의 고구려, 중국의 한나라가 넓은 영토를 가질 수 있었던 것도 다른 나라에 비해 강한 철제 무기를 가지고 있었기 때문이에요.

이것은 근대에 와서도 마찬가지예요. 1,2차 세계 대전 때에는 많은 나라들이 더 강한 무기를 만들기 위해 노력했어요. 결국 1차 대전에서는 신 무기인 탱크를 개발한 영국을 중심으로 한 연합군이 승리했고, 2차 대전에서는 핵폭탄이라는 신 무기 때문에 연합군이 승리했지요.

그런데 국제 사회에서 주도권을 잡는 방법은 무기 개발에만 있는 게 아니에요. 전쟁 시기에는 전쟁에 승리하기 위해 신 무기를 만들지만 전쟁이 없는 평화 시기에는 무기보다 더 중요한 게 있어요. 바로 경제력이죠. 경제력 있는 국가가 되려면 산업 생산과 무역에서 이익을 많이 내야 해요. 생산과 무역에서 앞서 나가려면 문명의 주요 재료인 철을 다룰 줄 알아야 하고요.

한 나라에 대규모의 철강 회사가 있다는 건 자동차나 건설업 등 국가 산업의 바탕이 되는 주요 산업 재료인 철강이 안정적으로 공급된다는 뜻이에요. 그만큼 철강 공급이 산업 발전에 중요하다는 거죠. 우리나라에도 1968년 철강 회사인 '포스코'가 세워졌고, 지금까지 경제 발전에 한몫을 담당하고 있어요.

그런데 **최근 철강 시장에 큰 변화가 생기기 시작했어요. 그 첫 번째는 인도와 중국이 철강업에 뛰어들면서 다른 나라의 철강 회사들을 위협하고 있는 거예요.** 특히 중국은 현재 세계 철강 생산의 3분의 1을 차지하면서 동시에 소비도 3분의 1을 차지하고 있을 정도로 비약적으로 발전하고 있어요. 조만간 전 세계 철강의 절반을 생산할 가능성까지 전망될 정도니까요. 그동안 철강업에서 큰힘이 없었던 중국과 인도가 세계 철강의 생산과 소비에서 많은 비중을 차지할 경우, 주요 수출품으로 철을 생산하고 있는 우리나라를 비롯한 다른 나라에는 피해가 갈 수밖에 없어요.

세계 철강 시장에 생긴 또 하나의 변화는 거대 기업의 등장이에요. **최근에 합병을 통해 연간 철강 생산량이 1억 1천만 톤에 달하는 '아르셀로 미탈'*이라는 초대형 철강 회사가 만들어졌어요.** 이 회사의 생산량은 세계 생산량의 10퍼센트에 달하는데, 이는 일본 최고의 철강 회사인 신일철의 3배, 우리나라 포스코 생산량의 4배에 달하는 양이에요. 뿐만 아니라 아르셀로 미탈은 또 다른 철강 회사를 합병하려고 먹잇감을 찾고 있는데, 그 대상이 동아시아권이 될 거라는 이야기가 있어요. 우리나라와 일본의 철강 회사들이 긴장할 수밖에 없지요.

예전 전쟁을 통해 나라의 땅을 넓혔던 시대에는 강한 무기를 만들어 주변 나라를 정복하기 위해 싸웠어요. 오늘날의 전쟁은 옛날처럼 무기를 가지고 싸우는 전쟁이 아니라 경제적으로 주도권을 쥐기 위한 싸움이에요. 전쟁의 형태나 목적은 달라졌지만, 오늘날의 경제 전쟁 역시 패했을 경우 나라가 받는 충격과 피해는 어마어마해요.

현재(2007년 기준) 국가별 철강 생산 규모를 보면 중국이 1위, 일본이 2위이고 우리나라는 6위에 있어요. 철강 회사별 생산량으로는 우리나라의 포스코가 세계 4위를 달리고 있고, 단일 제철소의 규모면에서는 우리나라의 광양 제철소가 세계 1위, 포항 제철소가 2위를 차지하고 있죠. 땅은 좁고 인구는 적으며 철강의 원료인 철광석을 백 퍼센트 수입하는 우리나라가 세계 10위권 안에 든다는 것은 우리나라의 철강 생산 수준이 높다는 것을 말해 줘요.

하지만 세계적인 철상 생산 국가인 중국, 일본, 미국, 유럽뿐만 아니라 인도, 러시아, 브라질 등 신흥 강대국까지 새롭게 철강의 주도권을 잡기 위한 경쟁을 벌이고 있다는 걸 생각한다면 현재의 판도는 언제든 뒤바뀔 수 있어요.

철기 시대인 지금, '철을 지배하면 세계를 지배한다'는 말은 아직도 유효해요. 21세기 철을 지배하는 자가 누구인가에 따라 우리 민족과 나라의 운명이 달라질 수 있어요. 철의 전쟁이 다시 시작된 거예요.

아르셀로 미탈

아르셀로 미탈은 2006년 6월, '미탈스틸'이 '아르셀로'를 합병하면서 탄생했다. 미탈스틸은 2004년 인도인인 락시미 미탈 회장이 미국의 최대 철강 회사인 인터내셔널 스틸 그룹을 인수해 만들어졌는데, 주로 미국을 비롯하여 동유럽과 아프리카의 철강 회사를 인수, 합병하여 덩치가 커진 철강 회사이다.

아르셀로는 '유럽의 자존심'이라 여겨지던 유럽 최대의 철강 회사였다. 유럽 최대의 철광석 매장량을 가진 룩셈부르크에 본사를 두고 있는 아르셀로는 프랑스, 독일, 벨기에, 룩셈부르크, 스웨덴 등지의 철강 회사를 합쳐 만든 회사로 미탈스틸이 세계 1위를 차지하기 전까지 세계 1위 자리를 지키고 있었다.

에필로그

철의 미래를 점치다

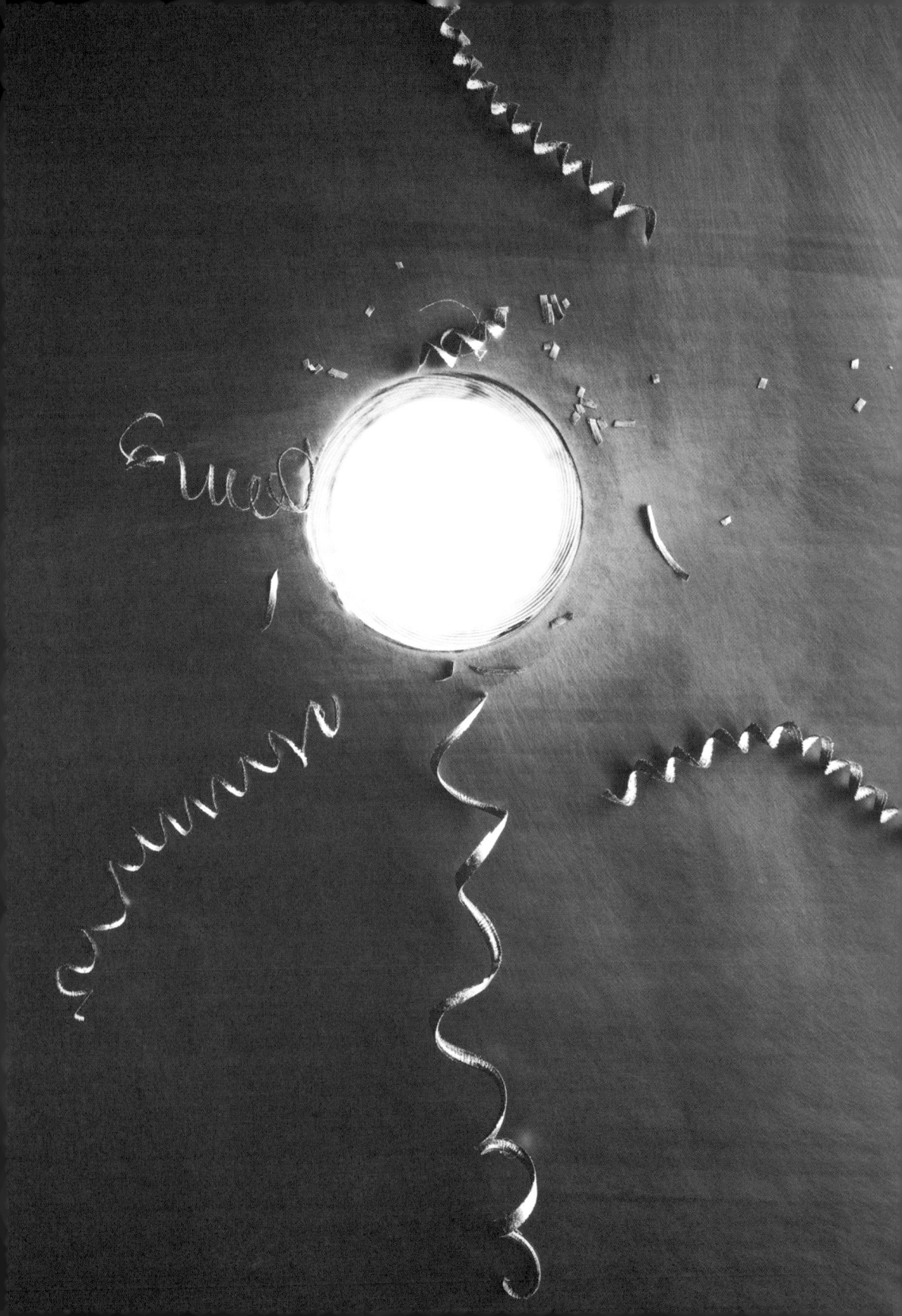

아직은 철기 시대,
　　철이 우리에게 **남긴 건 무엇일까?**

아직은 철기 시대

지금이 무슨 시대냐고 누군가가 물어본다면 여러분은 어떻게 대답할 건가요? 정보화 시대, 민주화 시대, 대중문화 시대, 과학 기술 시대 등 다양한 대답들이 나올 수 있겠네요. 모두 맞는 말이에요. 다 현대 사회의 특성을 드러내는 말이니까요.

어떤 사람들은 현재를 금속기 시대라고 부르기도 해요. 우리가 사용하는 도구, 특히 건축물, 교통수단, 기계, 통신 같은 문명의 특성을 나타내는 것들이 거의 다 금속을 사용해서 만들어지기 때문이죠. 그 금속의 90퍼센트는 철이고요. 그렇다면 아직까지는 철기 시대라고 볼 수 있겠네요.

시대 구분상 철기 시대가 시작된 것은 기원전 2000년경부터라고 하지만, 사실 인류가 철을 제대로 사용하기 시작한 건 19세기부터예요. 본격적으로 철을 사용한 지 불과 200년밖에 안 된 셈이지요. 19세기가 되어서야 인류는 비로소 철강을 대량으로 생산할 수 있었고, 그 뒤에 자동차, 기차 등의 교통수단과 철근을 이용한 건축물이 등장했어요. 현재는 볼펜 속에 들어가는 스프링부터 케이블카를 끌어 올리는 케이블선까지 철강이 들어가지 않은 게 거의 없어요. **현대의 문명은 값싸고 질 좋은 철강이 만들어 낸 것이라고 해도 과언이 아니지요.** 이처럼 철은 우리 생활에 없어서는 안 될 필수품이자 고마운 존재예요.

이러한 철을 생산하는 철강 산업은, 국가 경쟁력을 좌우하는 기초 산업이자 다른 산업의 생산을 유발할 수 있는 힘을 지니고 있다는 점에서 중요하게 여겨졌어요.

하지만 1990년대 들어 철강 산업은 이전에 비해 가치가 떨어졌고, 국가 경제에도 큰 도움이 안 되는 산업으로 인식되었어요. 그 이유는 산업 구조가 바뀌었기 때문이죠.

서울 문래동 철강 골목

철이 나라를 먹여 살린다고 할 정도로 철 생산이 활발히 이루어졌던 1980년대, 문래동은 서울의 대표적인 철재 상가 지대였다. 그런데 1, 2차 산업의 비중이 줄어들고 공장들이 하나, 둘 문을 닫으면서 덩달아 철재 상가도 상권이 줄어들었다. 지금은 명색만 겨우 유지하고 있는 실정이다.

국가 경제력이 경제 성장과 개발에 있다고 생각하던 시기에는 철강은 없어서는 안 될 귀한 자원이었지요. 개발을 하려면 제일 먼저 건물을 짓고 도로를 깔고 공장에서 물건을 대량으로 생산해야 하는데, 이때 가장 필요한 것이 건축, 교통수단, 기계의 재료가 되는 철이기 때문이에요.

그런데 1990년대부터 친환경 산업*과 정보 산업이 새롭게 등장하면서 철강 산업은 이전에 비해 중요도가 떨어졌어요. 게다가 선진국들과 우리나라, 대만 등을 비롯한 아시아 개발도상국들의 성장과 개발이 1990년대에 들어 어느 정도 마무리되면서 세계 각국의 개발 속도는 둔화되었고 철 소비도 급격히 떨어졌지요. 철 소비가 줄자 철강 산업은 더 이상 이익을 볼 수 없는 산업으로 인식되었고, 파산 신청을 하는 철강 업체가 줄을 이었어요.

그런데 2000년대에 들어 다시 양상이 바뀌었어요. 브릭스(BRICs 브라질-Brazil, 러시아-Russia, 인도-India, 중국-China의 맨 앞 철자를 따서 만든 신조어)라 불리는 신흥 강대국들이 넓은 땅과 풍부한 자원을 바탕으로 개발을 시도하면서 철강의 수요가 다시 급격히 늘었어요. 철강 산업은 다시 활기를 띠었고, 우리나라 역시 개발을 서두르는 중국을 비롯한 아시아 지역에 철강을 수출하느라 해마다 철강 생산량을 늘리고 있지요. 철강은 이제 우리나라 개발과 발전의 기초 재료일 뿐만 아니라 다른 나라에도 수출되는 주요 수출 품목으로 자리 잡은 거예요.

물론 철강 산업의 성장은 브릭스를 비롯한 다른 나라의 개발이 주춤해지면 또다시 멈춰 설 수 있어요. 철강은 개발 과정에서 가장 많이 쓰이기 때문에 개발이 줄어들면 철강의 필요성도 줄어들 수밖에 없죠. 벌써부터 우리나라의 철강이 생산 과잉(많이 만들지만 팔리지는 않는 현상)이라는 분석도 나오고 있어요.

하지만 실망하긴 아직 일러요. 지구상에는 수많은 나라들이 있고 어떤 나라가 개발과 발전을 시도하면 제일 먼저 철이 필요해요. 아직까지는 철로 만들어지는 문명을 누리며 살아가는 철기 시대이니까요.

앞으로 시간이 흐르고 과학 기술이 발달해 철이 아닌 더 좋은 도구를 사용하게 되면 철기 시대는 막을 내릴 거예요. 그때가 되면 철은 더 이상 이용 가치가 없는 하찮은 자원이 될지도 몰라요. 하지만 아직은 철이 많이 필요한 철기 시대이고 철을 잘 사용하는 나라와 민족이 성장하게 되어 있어요.

그런 면에서 철은 지속적으로 연구하고 시대 요구에 맞게 효율적으로 생산해야 하는 소중한 자원임에 틀림없어요.

친환경 산업

말 그대로 환경 오염을 피하고 환경을 보호하는 산업을 말한다. 그동안 전 세계는 산업 육성을 통한 성장 위주의 개발로 환경 문제를 등한시했다. 그러나 지구 온난화로 인한 환경 문제들이 지구 곳곳에서 일어나면서 환경 오염과 이산화탄소 배출 문제, 석유와 석탄 같은 에너지 자원의 고갈 문제 등 지구 환경에 대한 위기의식이 고조되고 있다. 이에 전 세계는 교토의정서, 기후변화협약 등을 채택, 실천을 강제하고 있다.

우리나라도 '그린 에너지 정책'의 일환으로 유기농을 비롯한 친환경 농법, 풍력·조력·태양광을 이용한 신재생 에너지 개발, 친환경 건축 재료 사용 등과 같은 친환경 산업에 관심을 갖고 적극적인 정부 지원과 이 분야 산업 육성에 힘쓰고 있다.

철 생산과 환경

철강 산업은 국가 기간 산업으로 국민 경제에 미치는 영향이 어느 산업보다 크다. 그러나 한편으로는 대표적인 에너지 다소비 업종이자, 공해 산업으로도 꼽힌다.

석탄이나 코크스가 원료로 사용되기 전에는 제철을 위해 많은 양의 나무를 베어 삼림 파괴가 심각했다. 다행히 코크스가 발명되어 삼림 파괴는 멈췄지만, 철 생산량이 증가할수록 수질 오염과 토양 오염은 물론 어마어마한 이산화탄소의 배출로 대기 오염도 심각해졌다. 더구나 1992년에 유엔 환경 개발 회의에서 「기후변화협약」이 채택되어 온실가스의 배출을 억제하기 위한 노력이 강화되었는데, 그 중에 하나가 대표적인 온실가스인 이산화탄소의 배출을 줄이기 위해 '에너지세'와 '탄소세'를 도입한다는 것이었다.

에너지세는 에너지 함유량에 따라, 탄소세는 탄소 함유량에 따라 세금이 부과되는 것으로, 일종의 '환경세'라고 할 수 있다. 석탄, 석유와 같은 고탄소 함유 연료는 높은 세금을, 가스와 같은 저탄소 연료는 낮은 세금을 부과하고, 수력, 원자력과 같은 비화석 연료는 탄소세를 부과하지 않는다. 결국 에너지세와 탄소세는 에너지 절감과 환경 보존을 위한 수단인 셈인데, 화석 연료에 대한 의존도가 높은 우리나라가 국가 경쟁력에 뒤지지 않으려면 당장 대책을 마련해야 한다.

이에 우리 정부는 2009년 11월, 2020년까지 온실가스 배출량을 2005년 대비 4퍼센트 감축하기로 결정했다. 정부의 이런 결정에 철강 업계는 철강업에 대한 투자가 축소되고 사업이 위축될 것을 우려하면서도 친환경 제철소 시대를 대비하기 위한 방법을 적극적으로 찾고 있다.

이미 일본은 1970년대 석유 파동 때부터 20퍼센트가 넘는 에너지 절감을 실현했고, 2010년에는 1990년 대비 에너지 소비율을 10퍼센트 줄이기 위한 방안을 마련하여 실천하고 있다.

개발도상국인 중국도 마찬가지다. 작은 철강 회사들을 통폐합하는 구조 조정을 통해 철강 생산량과 공급량을 조절하고, 낡고 오래된 설비나 공장을 폐쇄하는 등의 친환경 정책을 본격화하고 있다.

우리나라도 신재생 에너지를 발굴하고 태양광 발전을 이용하는 등 저탄소 친환경 경영에 골몰하고 있다.

▲ 포스코는 포항과 광양 제철소 지붕에 태양광 발전 설비를 만들었다. 사진은 광양 제철소 지붕에 설치된 태양광 발전 시설이다.

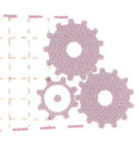

우리나라 철강 산업의 미래

우리나라의 철강 산업의 역사는 50년밖에 안 됐어요. 하지만 현재 우리나라는 세계 6위의 철강 생산국이고 우리나라의 대표 철강 회사인 포스코는 세계 4위의 철강 생산 기업으로 자리잡고 있지요. 이처럼 우리나라의 철강 산업이 짧은 시간 안에 급성장할 수 있었던 건 국가의 지원과 풍부한 노동력, 성공적인 기술 개발이 있었기 때문이에요. 거기에 우리나라의 산업 구조도 한몫했지요.

우리나라는 국토가 좁고 자원도 풍족하지 않아 다른 나라에 팔 수 있는 게 별로 없어요. 오히려 석유 같은 천연자원에서부터 과일 등의 먹을거리까지 사와야 할 게 많지요. 그래서 발달한 게 제조업이에요. 제조업이란 물건을 만드는 산업, 즉 자연에서는 얻을 수 없지만 생활에는 꼭 필요한 물건들을 공장에서 만드는 산업을 뜻해요.

우리나라는 산업화 초기부터 제조업에 많은 투자를 했고 오늘날에는 자동차, 선박 등을 중심으로 세계 최고 수준에 오른 제조업이 많아요. 이런 제조업을 통해 생산한 물건들을 해외에 팔고 그 돈으로 우리가 필요한 것들을 사오는 식으로 우리나라의 경제는 돌아가고 있어요.

제조업이 살아야 우리나라는 수출을 많이 해서 많은 돈을 벌 수 있고 그래야 우리나라 국민들의 생활이 더 풍족해질 수 있어요. 철은 이런 제조업에 반드시 필요한 자원이고요. 철이 있어야 공장도, 기계도,

수출할 물건도 만들 수 있으니 우리나라가 발전하려면 철은 꼭 있어야 해요. 이런 이유로 그동안 우리나라의 철강 산업은 눈부신 발전을 해 왔어요. 동시에 우리나라의 경제도 성장해 왔지요.

이런 현상은 앞으로도 얼마간은 지속될 걸로 예상하고 있어요. 정부에서 발표한 '2030년 경제 구조 전망'을 보면, 제조업과 제조업으로 생산된 물건의 운송, 디자인, 판매 등 제조업 관련 서비스업의 비중이 우리나라 전체 생산의 45퍼센트를 차지한다고 되어 있어요.

또한 정부는 2030년까지 세계 8대 기계 선진국, 세계 자동차 시장 점유율 25퍼센트를 목표로 성장 계획을 세워 놓고 있어요. 이에 맞춰 철강 생산량도 늘어날 것이므로 현재 세계 6위의 철강 생산을 5위까지 끌어올릴 계획이지요.

이처럼 **철강 산업은 과거 우리나라의 경제 개발을 주도했고 현재 우리 경제의 밑거름이 되고 있을 뿐만 아니라 미래 우리나라의 발전도 끄는 주요 산업이에요.**

하지만 전 세계적인 금융 위기와 경제 불황으로 경기가 침체되면서 우리나라 경제도 어려워졌어요. 각 나라마다 경쟁이 심화되면서 철강 원료인 철광석과 원료탄의 가격이 올라 100퍼센트 수입에 의존하는 우리나라에 부담을 주고 있지요. 게다가 1994년 3월에 지구 온난화 방지를 위한 「기후변화협약」 발효로 철강 업계는 큰 어려움에 처해 있어요. 이에 대비해 우리는 기술 개발과 설비 투자를 통해 생산 비용을 낮추는 등 경쟁력을 갖기 위해 노력하고 있지요.

현재 우리가 해야 할 최선의 방법은 연구와 노력을 계

속해서 철을 지금보다 더 편리하면서도 안전하게 사용할 수 있는 길을 찾는 거예요. 철은 매장량이 풍부할 뿐만 아니라 사용했던 철을 다시 녹여 재활용할 수 있기 때문에 고갈될 걱정이 없어요. 게다가 제련 과정도 다른 금속에 비해 쉬워 아직까지 철을 대신할 금속은 없어요. 이런 철이 지구 생태계와 환경에도 도움이 될 수 있도록 기술을 개발한다면 앞으로 철기 시대의 미래는 더 밝을 거예요.